王孝通
[著]

中国史略丛刊

中国商业史

中国书籍出版社
China Book Press

图书在版编目（CIP）数据

中国商业史 / 王孝通著. —— 北京：中国书籍出版社，2022.1

ISBN 978-7-5068-8764-9

Ⅰ.①中… Ⅱ.①王… Ⅲ.①商业史—中国 Ⅳ.①F7292

中国版本图书馆CIP数据核字(2021)第215543号

中国商业史

王孝通　著

策划编辑	牛　超
责任编辑	马丽雅
责任印制	孙马飞　马　芝
封面设计	东方美迪
出版发行	中国书籍出版社
地　　址	北京市丰台区三路居路 97 号（邮编：100073）
电　　话	（010）52257143（总编室）　（010）52257140（发行部）
电子邮箱	eo@chinabp.com.cn
经　　销	全国新华书店
印　　刷	中煤（北京）印务有限公司
开　　本	880毫米×1230毫米　1/32
字　　数	198千字
印　　张	8.875
版　　次	2022 年 1 月第 1 版
印　　次	2022 年 1 月第 1 次印刷
书　　号	ISBN 978-7-5068-8764-9
定　　价	56.00元

版权所有　翻印必究

序

我国开化四千年,为世界文明之古国。今人所指为欧、美商政之最新者,如"经济统制""法币政策"等,我国古代之旧政,已发其端。终以政教不修,失其故步,而荐绅先生咸茫昧而莫知其原,是亦缀学者之耻也。近年以来,苛捐杂税虽除,而商困未苏,显宦虽多商人,而商业不振,其故何哉?盖商业以政治之治、乱为盛、衰,国势随商业之盈、虚而隆替。我国今日外受强邻经济之侵略,人为刀俎,我为鱼肉,国势阽危,甚于畴昔;内则政刑未修,寇盗充斥,农村破产,市井萧条,及今不图振兴之术,转瞬之间,神州商业,将绝于天壤。然欲振兴商业,必先研究我国商业史。本书凡三编,共二十三章,都十万言,虽疏漏尚众,而于历代商业盛、衰之迹,大致略具。凡政治修明者,商业必盛;政治窳败者,商业必衰;商业盛者其国罔不兴,商业衰者其国罔不亡;盛、衰、兴、亡之间,丝毫不爽。呜呼,世之论治者,可以鉴矣!

民国二十五年十月二十五日著者识于沪滨

绪 论

我国为世界文明之古国，神农、黄帝之间，商业规模已备。综计世界诸国，唯埃及开国，较我为先；他若希伯来、腓尼基、巴比伦等，世所称为商业发达最早者，犹俱在我国之后；至如近世著名商业国之欧、美诸邦，当时商业，尚未萌芽，而我国今日反不能立足于商战舞台者，其原因有四：

一、物产之丰盈　我国地处温带，气候寒燠适宜，黄河、扬子江流域，物产殷饶，人民无俟外求，力农足以自给，故中古以上，人民多老死不相往来，而竞争之念自绝。竞争为进步之母，无竞争则无进步，此为商业不发达之第一原因。

二、交通之阻梗　西哲有言"水性使人通，山性使人塞"。我国多高山峻岭，道路阻梗，古所谓中国仅中原片壤，交通既已不广，东南海岸线又复不长，故航海贸易之事业，未能振兴，此为商业不发达之第二原因。

三、历代之贱商　我国贱商之习，相沿已久，商业知识，殊甚幼稚，即有一二豪商富贾，亦皆市井驵侩之徒，故有志之士，多鄙而不屑，此为商业不发达之第三原因。

四、资本之浅薄　我国历代营商者，多系个人之资本，鲜闻合力经营之事业，是以见小利则趋，遇小害则辍，无进取之毅力，乏冒险之精神。国家既无奖励，而反屡事挫抑之，此为商业不发达之第四原因。

综此四因，我国虽早入商业时期，而言进步，则甚迟滞。欧、美、东瀛，反以后起之秀，凌驾神州之上，内地商权，渐多外夺。故在今日而言中国商业之历史，殆亦一不完全之历史而已，一商战失败之历史而已，可慨也夫。

目　录

序 / 1

绪　论 / 3

第一编　上古商业 / 1

第一章　自黄帝迄唐虞时代之商业 …… 3
- 第一节　商业之起源 …… 3
- 第二节　货币之起源 …… 7
- 第三节　度量衡之起源 …… 8
- 第四节　制造业及加工业 …… 9

第二章　夏代之商业 …… 11
- 第一节　洪水与商业之关系 …… 11
- 第二节　禹时之疆域及商业之中心 …… 12
- 第三节　禹贡之商品 …… 13
- 第四节　大夏之衰亡 …… 15

第三章　商之商业 …… 16
- 第一节　商之灭夏政策 …… 16
- 第二节　商代关市之政 …… 16
- 第三节　庶政之修明 …… 17

第四章　西周之商业 …………………………………… 18

第一节　周初之商业　18
第二节　周之商政　19
第三节　西周商业之衰敝　22

第五章　东周之商业 …………………………………… 23

第一节　春秋商业之趋向　23
第二节　郑之商业　24
第三节　卫之商业　26
第四节　齐之商业　26
第五节　鲁之商业　28
第六节　晋之商业　28
第七节　楚之商业　29
第八节　吴越之商业　30
第九节　秦之商业　31
第十节　货殖家略传　31

第六章　周末之商业 …………………………………… 34

第一节　战国商业之大概　34
第二节　战国民俗与商业之关系　34

第七章　秦之商业 ……………………………………… 40

第一节　秦人之善于经商　40
第二节　秦统一后之商业　40

第二编　中古商业 / 43

第一章　西汉之商业 …………………………………… 45

第一节　汉初之贱商法令　45
第二节　汉初之商业概况　46
第三节　汉武帝之经济政策　47
第四节　汉代之重要都会　51

第五节　汉代之市制 ………………………………… 52
　　第六节　汉代之货殖家 ……………………………… 53
　　第七节　汉代以商业拓地 …………………………… 54
　　第八节　西域之通商 ………………………………… 54
　　第九节　王莽之改制 ………………………………… 55

第二章　东汉之商业 ……………………………………… 59
　　第一节　东汉商人之状况 …………………………… 59
　　第二节　限制商人之议 ……………………………… 60
　　第三节　官吏之为商 ………………………………… 60
　　第四节　商业繁盛之地 ……………………………… 61
　　第五节　东汉之盐铁政策 …………………………… 62
　　第六节　货币之制度 ………………………………… 62
　　第七节　通商之概况 ………………………………… 63

第三章　三国之商业 ……………………………………… 64
　　第一节　三国立国之本 ……………………………… 64
　　第二节　三国之通商 ………………………………… 65
　　第三节　蜀之商业 …………………………………… 66
　　第四节　魏之商业 …………………………………… 66
　　第五节　吴之商业 …………………………………… 67
　　第六节　三国时币制 ………………………………… 68

第四章　两晋及南朝之商业 ……………………………… 69
　　第一节　两晋商业之概况 …………………………… 69
　　第二节　风俗之贪鄙 ………………………………… 70
　　第三节　帝王之好为商贾 …………………………… 71
　　第四节　梁益交广诸州之富 ………………………… 72
　　第五节　市津之制 …………………………………… 73
　　第六节　逆旅与商贾之关系 ………………………… 74
　　第七节　币制之紊乱 ………………………………… 75
　　第八节　释教与商业之关系 ………………………… 75

第九节　海南诸国之通商 …………………………… 76
第五章　北朝之商业 …………………………………………… 78
　　第一节　晋代北方之情形 …………………………… 78
　　第二节　后魏商业之繁荣 …………………………… 79
　　第三节　异国馆里 …………………………………… 80
　　第四节　南北互市 …………………………………… 80
　　第五节　北齐北周之风气 …………………………… 81
　　第六节　北朝之钱币 ………………………………… 82
第六章　隋之商业 ……………………………………………… 83
　　第一节　炀帝之商政 ………………………………… 83
　　第二节　各地之风俗 ………………………………… 84
　　第三节　二京之繁盛 ………………………………… 84
　　第四节　隋之币制 …………………………………… 85
　　第五节　互市及商路 ………………………………… 86
第七章　唐之商业 ……………………………………………… 87
　　第一节　唐代都市 …………………………………… 87
　　第二节　唐代市政 …………………………………… 88
　　第三节　关于商事之法律 …………………………… 88
　　第四节　唐代各地之商业 …………………………… 91
　　第五节　唐代商人之种类 …………………………… 92
　　第六节　唐代官吏之营商 …………………………… 93
　　第七节　商业之发达 ………………………………… 93
　　第八节　唐代之重要商埠 …………………………… 94
　　第九节　唐代交通 …………………………………… 96
　　第十节　唐代关禁 …………………………………… 97
　　第十一节　唐代币制 ………………………………… 98
　　第十二节　唐代之高利贷 …………………………… 100
　　第十三节　唐代茶叶之兴盛 ………………………… 101
　　第十四节　唐代茶监之税 …………………………… 102

第十五节　唐代病商之政 103
第十六节　唐代之理财家 104

第八章　五代之商业 105
第一节　诸国之通商 105
第二节　五代商税 106
第三节　域外之通商 107
第四节　五代时汴梁商业之盛 108
第五节　五代之钱币 109

第九章　北宋之商业 110
第一节　宋初之恤商 110
第二节　北宋时汴梁商业之盛 111
第三节　北宋之禁榷与官市 112
第四节　北宋与海番之通商 113
第五节　北宋与辽夏之通商 114
第六节　北宋之庙市 115
第七节　北宋之钱币 116
第八节　茶之进步 117
第九节　瓷器之进步 118
第十节　北宋病商之政 119

第十章　南宋之商业 121
第一节　南渡后之恤商 121
第二节　南宋时临安商业之盛 122
第三节　南宋之币制 122
第四节　南宋与西南诸夷之博易 123

第十一章　辽金之商业 125
第一节　辽之商业 125
第二节　金之商业 126

第十二章　元之商业 129
第一节　元之通商起国 129

第二节　元代市舶之盛 …………………… 130
　　第三节　关于商贾之禁令 ………………… 131
　　第四节　中原既定后之商政 ……………… 132
　　第五节　元代驿站制度 …………………… 133
　　第六节　元代商业政策 …………………… 134
　　第七节　元代商人之种类 ………………… 134
　　第八节　元代商税 ………………………… 135
　　第九节　元代国营商业 …………………… 136
　　第十节　元代都市 ………………………… 137
　　第十一节　工艺之发达 …………………… 138
　　第十二节　木棉之广种 …………………… 138
　　第十三节　元之币制 ……………………… 139

第十三章　明之商业 ………………………… 141
　　第一节　太祖之商政 ……………………… 141
　　第二节　南京之商业 ……………………… 142
　　第三节　塌房之制 ………………………… 142
　　第四节　北京之繁盛 ……………………… 143
　　第五节　明代之庙市 ……………………… 144
　　第六节　明代商税 ………………………… 145
　　第七节　关于商贾诸法 …………………… 146
　　第八节　明代之钞法 ……………………… 147
　　第九节　钞关之制 ………………………… 148
　　第十节　明之盐法 ………………………… 148
　　第十一节　茶马之法 ……………………… 149
　　第十二节　万历中病商之政 ……………… 150
　　第十三节　明之货殖家 …………………… 151

第十四章　明代中外互市 …………………… 152
　　第一节　明初市舶之制 …………………… 152
　　第二节　郑和下西洋 ……………………… 153
　　第三节　明代之朝贡贸易制度 …………… 154

第四节　澳门之租借 ················· 155

　　第五节　澳门之商业及主权 ············ 156

　　第六节　台湾之开关 ················· 157

　　第七节　南洋各地之市易 ············· 158

第三编　近世商业及现代商业 / 161

第一章　清之商业 ························ 163

　　第一节　清入关前之商业 ············· 163

　　第二节　恤商之政令 ················· 163

　　第三节　重农轻商之政策 ············· 164

　　第四节　国内商业之状况 ············· 165

　　第五节　清代庙市 ··················· 167

　　第六节　中英互市之交涉 ············· 168

　　第七节　中俄互市之交涉 ············· 170

　　第八节　国际贸易 ··················· 171

　　第九节　鸦片贸易之战争 ············· 175

　　第十节　商约之缔结 ················· 176

　　第十一节　厘金之病商 ··············· 179

　　第十二节　交通事业之进步 ··········· 180

　　第十三节　币制之紊乱 ··············· 185

　　第十四节　清代之金融机关 ··········· 190

　　第十五节　清末商政之设施 ··········· 197

　　第十六节　清代商税 ················· 199

　　第十七节　清季十年之对外贸易 ······· 201

第二章　民国时代之商业 ··················· 203

　　第一节　民国初年之商业 ············· 203

　　第二节　民国初年海外侨民之商况 ····· 205

　　第三节　商政之整理 ················· 206

　　第四节　关税自主之经过 ············· 207

第五节　关税内容之变迁 …………………………… 209
第六节　进出口两税则修正之经过 ………………… 210
第七节　关税收入 …………………………………… 214
第八节　金融机关 …………………………………… 216
第九节　废两改元之成功 …………………………… 225
第十节　法币政策之实施 …………………………… 227
第十一节　全国交通状况 …………………………… 230
第十二节　海外华侨现状 …………………………… 238
第十三节　商标之保护 ……………………………… 243
第十四节　商品之检验 ……………………………… 244
第十五节　度量衡制度之统一 ……………………… 244
第十六节　民商统一法典之制定 …………………… 245
第十七节　重要商税 ………………………………… 246
第十八节　各省办理营业税之情形 ………………… 252
第十九节　发展商业之机关 ………………………… 253
第二十节　最近五年之对外贸易 …………………… 254
第二十一节　最近五年之主要工商业概况 ………… 261

[第一编] 上古商业

第一章　自黄帝迄唐虞时代之商业

第一节　商业之起源

我国北部为黄河流域，多丰沃之地，汉族自西北方移居于是，人口渐次繁殖，建诸部落。人类既蕃，则需要愈多，知识渐开，则欲望愈奢，于是交易之途启。中国之地，宜于农桑，其时男务耕耘，女勤蚕织，以为衣食之源，而用以互相交换，农有余粟，则以易布，女有余布，则以易粟，此交易之始也。既有交易，于是市因以立。《易·系辞》曰："庖牺氏没，神农氏作，列廛于国，日中为市，致天下之民，聚天下之货，交易而退，各得其所"，是即市之起源也。市廛既立，交易益便，于是有贮藏以待人之需要者，是为商业。买于彼而卖于此，为交易之媒介，取小利以营生，古所谓逐什一之利者，是以商为业之始也。从字义而言，《汉书》谓"通材鬻货曰商"。《白虎通》云"商之为言章也，章其远近，度其有亡，通四方之物，故谓之商也。贾之为言固也，固其有用之物，以待民来，以求其利者也，故通物曰商，居卖曰买"，此即商人之类别也。

第一款　神农时代之人民生计

神农之时，与耕织，（《文子》神农之法曰"丈夫丁壮不耕，天下有受其饥者，妇人当年不织，天下有受其寒者，故其耕不强者无以养生，其织不力者，无以衣形。"）食盐利，（《说文》"天生曰卤、人造曰盐、古者夙沙初作，煮海为盐，河东盐池袤五十一里，广七里，周百十六里。"）生产事业，渐臻繁盛，商业因之勃兴，于是立市以供交易，使贸迁有无者，依期而至，财货流通，厚生利用。无食者与之陈，无种者贷之新，故无什倍之买，无倍称之民，当时商政，于此可见一斑矣。

第二款　黄帝时代之商业

第一项　政权之统一

黄帝以前：中国为部落时代，此疆彼界，畛域攸分，每有争端，诉诸武力。黄帝以雄武之才，修道路，习干戈，败榆罔于阪泉，擒蚩尤于涿鹿，东至海，西至崆峒，南至江，北逐荤粥。（当时疆域之范围，是现在大江以北，黄河以西，陇蜀以东，长城以南。）建统一之政府，画野分州，得百里之国万区，命匠营国邑，置左右大监，监于万国，万国以和。黄帝以军国主义立国，丰功伟烈，彪炳寰区，其威灵所至，皆商业上势力范围之所及也。

第二项　工业之振兴

神农之世，农业虽已萌芽，而民生日用之物，犹多未备。至黄帝时，工艺大兴，帝之所作，有冕旒，有宫室，有釜甑，有弩。隶首定数，仓颉作书，伶伦造律吕，伯余做衣裳，于则作扉履，雍父作杵臼。命宁封为陶正，赤将为木正，以利器用。挥作弓，夷牟作矢，以威天下，共鼓、化狐刳木为舟，剡木为楫，以济不通；邑夷法斗之周旋，作大辂以行四方，由是车制备，服牛乘马，引重致远，而天下利矣。

第三项　货币之推行

神农以来，易中之法，漫无标准，山居者以皮，水居者以贝；皮若割裂则不完，贝则携带而不便，皆足以阻碍商业。至黄帝时，上有丹砂，下有黄金，上有慈石，下有铜金，上有陵石，下有赤铜，乃烧山林，破曾薮，焚沛泽，逐禽兽，范金为货，制金刀，（铸金成币，以象刀形，）立五币，（珠玉为上，黄金为中，刀布为下，）而泉币兴矣。

第四项　度量衡之制定

太古之时，淳朴不争，交易之间，民不求丰，及民智渐开，诈伪遂来，不有以定其标准，则强者凌弱，智者欺愚。自黄帝命隶首作算数，度量衡由是而成，度以定长短，量以定大小多寡，衡以定轻重，所以平天下之争，而昭天下以信也。

第五项　商政之修明

黄帝治天下，田者不侵畔，渔者不争隈，市不预贾，道不拾遗，城郭不关，邑无贼盗。商旅之人，相让以财，商人得以安心营业。又恐商贾辐辏之区，或有意外之警，使重门击柝，以御暴客，保商场之安谧，佐商业之发达。

第三款　尧时之商业

《淮南子》曰："尧之治天下也，水处者渔，山处者木，谷处者牧，陆处者农，地宜其事，事宜其械，械宜其用，用宜其人，泽皋织罔，陵阪耕田，得以所有，易其所无，以所工易其所拙"，由是观之，则分业之制，已始于陶唐氏之时矣。盖唐尧之时，民业分而地力尽，远出羲农之上，《书》所谓"黎民于变时雍"者，盖即指此。至于有无工拙，互相为用，则商业之盛，固与农工渔牧诸业，相辅并进矣。

第四款　舜时之商业

虞舜微时，耕历山，历山之人皆让畔，渔雷泽，雷泽之人皆让居，陶河滨，河滨之品不苦窳。至于所居之地，一年成聚，二年成邑，三年成都，史称舜作什器于寿邱，（在鲁东门外今曲阜县）就时于负夏，（卫地）顿邱买贵，于是贩于顿邱，（今山东、曹州府）傅虚卖贱，于是债于傅虚（今山西、解州府）后世商人乘时逐利，买贱卖贵，及以信用借贷之事，举权兴于大舜，治商业者，不可不知也。舜以实业起家，故其治国亦以商业为重，《家语》曰"舜弹五弦之琴，歌《南风》之诗，其诗曰，南风之薰兮，可以解吾民之愠兮，南见之时兮，可以阜吾民之财兮"，风之阜财，世人多不得其解，盐法议。略云"河东盐地，无待人工，当夫夏令甫届，熏风时来，附岸池面，缀珠凝脂，盐颗自结，虞帝所歌熏风阜财，盖则指此而言"。案舜都于蒲坂（今山东、蒲州府）密迩解州，盐荚之利，故所素稔，至于关心民食，形诸歌咏，则舜之注重商业，又非独微时为谋生之计矣。

第二节　货币之起源

我国古代人民，多住河海之滨，故其用贝为最著。考《说文》贝字注云"贝海介虫也，居陆者猋，在水者蜬，古者货贝而宝龟。周而有泉，至秦废贝用钱"。此说若确，则用金属为货币，实自周始，前此实皆用贝，即周代亦不过贝钱并用，贝之不为币，实自秦始耳。今考诸《说文》所示之训诂，凡文字上与财富有相关者，皆从贝字，如负财贡贷贫货贪贯贮赍资赂赠赐赊购买卖（繁体）等字，无不从贝者，则古代以贝为货币，其事甚明矣。且古代又有以为贝代表百物者，《说文》员字下云"员物数也，从贝"，金坛段氏释之曰"从贝者，古以贝为货物之重者也"，然则古代以贝指物货，问人之富，则数贝以对，古之用贝者，皆累而贯之。《说文》毌字下云："穿物持之也，从一横囗，囗象宝贝之形，贯字下云从毌贝，古者以二贝为一朋。"《汉书·食货志》云"大贝壮么贝小贝皆以二枚为一朋"，《诗·小雅》"既见君子，锡我百朋"。盖当时用贝为本位制之时代甚长，至周犹有贝明矣。然史称伏羲氏聚天下之铜，以为棘币，外员法天，内方法地，以盖轻重，以适有无，而钱币自此始矣。太昊氏高阳氏谓之金，有熊氏谓之货，神农氏列鄽于国，以聚货帛，日中为市，以通有无，黄帝氏作，立货币以制国用，财用自是作，至陶唐氏则谓之泉，夏禹铸历山之金，以救水灾，商汤铸庄山之金，以救旱灾，民赖以不困，以至成周，太公始立九府圜法。夫由前之说，则周时始有泉，秦时始废贝用钱；由后之说，则伏羲氏时代已聚铜为币，二说矛盾，不知孰信，盖秦火以降，书史散佚，后世传述，每多增益附会其说，有以致之耳，固未可以深信也。

第三节　度量衡之起源

太古之时，尺度之器未兴，大抵以手指臂为准，故布指知寸，伸臂知尺。数起于发，十发为程，十程为分，十分为寸，十寸为尺，尺所以为标目规矩也，尺者识也，言所识也。古者寸尺咫寻仞丈诸度量，皆以人体为法，八寸为咫，（妇人手大率八寸）《列子》曰："其长尺有咫。"即谓一尺八寸也。度深曰仞，度广曰寻，寻与仞皆人伸两手以度物之谓，而寻为八尺，仞为七尺，盖人同一伸手而用之广深，其势自异，以度广者其势全伸而不屈，以度深者则上下其左右手而侧其身，身侧则胸与所度之物不能相摩，两手不能全伸，而成弧形，弧而求其弦以为仞，则不及八尺而为七尺矣，此自然之理也。《考工记》广二寻深二仞谓之浍，此即寻仞之分别也。十尺为丈，然以人体为标准，每有舛谬，于是必以物为标准焉。黄帝既制律数，始知万事本于黄钟，六律准诸秬黍，以一黍之广度之，九十黍为黄钟之长，一黍为一分，十分为寸，十寸为尺，十尺为丈，十丈为引，为度之数。量之大小，以黍为准，容千二百黍者为龠，二龠为合，十合为升，十升为斗，十斗为斛，为量之数。衡之轻重，亦以黍为准，百黍之重为铢，十黍为累，十累为铢，二十四铢为两，十六两为斤，三十斤为钧，四钧为石，为权衡之数。度本于律，权衡本于度，后之言度量衡者，莫能外也。

度量衡者，所以征信而齐万物也，度量衡不一，则民疑而法弊。故《虞书》曰："同律度量衡，"孔子曰："谨度量，审法度，四方之政行焉。"盖建国经而立民极，无大于度量衡者。后世官民假度量衡以行其私，遂致制度淆乱，难于划一矣。

第四节　制造业及加工业

中国文明之发达最早，故各种之制造业多传诸古代。考黄帝、尧、舜时代，制造品之重要者有四：（一）丝，史曰"西陵氏之女嫘祖为黄帝元妃，始教民育蚕，治丝茧以供衣服，而天下无皴瘃之患，后世祀为先蚕"。蚕织之事，传诸后世四千余年，至今我国之蚕业尚为外人所称赞。（二）指南车，史称"黄帝战蚩尤，蚩尤作大雾，军士昏迷，黄帝乃作指南车以示四方，遂破蚩尤于涿鹿之野"。后世指南针之作，盖即效此。今日欧洲之航海贸易事业，由于指南针，其制盖传自中国者也。（三）瓷器，陶器之制，由来已久，古者凝土以为器，以土为体，以水为用，是盖土器也。其后发明烧炼之术，而瓦器成，瓦器之精细者，则为瓷器，亦中国之特产制造物,史称舜陶于河滨(今山东、东昌府馆陵县陶丘)河滨之器不苦窳,是陶业之发明,在于舜时,至周而陶人设有专官矣。(四)漆器,史称"舜造漆器,谏者七人",是漆器之制,始于舜也。

第二章　夏代之商业

第一节　洪水与商业之关系

史称："帝尧之时，洪水逆行，泛滥于中国，荡荡怀山襄陵，蛇龙居之，民无所定，下者为巢，上者为营窟"，然木处而颠，水处而病，则生命尚难保存，农商之业，益荡然可知矣。禹在外十三年，导山导水，然后人得平土而居之，洪水之害以除，后世无不称禹之功。然洪水有害于当时之商业，固不待言，而洪水有益于商业者，亦有二焉：

（一）因洪水之泛滥于地，而农林之业益厚也。盖洪水退后，其所挟与俱来之肥料，尚留于地表，可以省灌溉之劳，而地味之丰腴，于农作业上有绝大利益，转胜于未经洪水之前。比其例不仅中国有之，埃及之尼罗河每年泛滥，居民恒避居山上，水退乃下而种田，然田之成熟，速而且丰，以其土力厚也。观《尚书》所载，则曰："汤汤方割，如丧考妣"，而其后乃有康卫击壤帝力何有之歌，一若含哺鼓腹而不知凶灾者，是则洪水退后之所得，偿其所失而有余也。

（二）因洪水之颠连，而交通益以进步也。洪水未平之时，人莫得平土而居之，兽足鸟迹之道，交于中国，则其时无所谓交通，直禽兽之世界耳。盖水与陆混，而陆几并于水，中国本重陆上交通，于水上交通素未研究，至是而始注意，如乘车乘撬之类，于泥行亦发明一种交通之利器。且禹因十三年在外，胼手胝足，跋涉山川，逾越险阻，发现新路线甚多，为后世开交通之利者，盖亦不少。《禹贡》所言之贡道，皆新路线也。

第二节　禹时之疆域及商业之中心

禹既平水土，奏庶艰食鲜食，即以懋迁有无化居为训，足见大禹治水之后，即以通商为要图。洪水既平，交通便利，因之各地商业一时勃兴，而当时帝都在冀州，则冀州为商业之中心，八州之商旅，无不以冀州为归宿，故禹既平水，即将其疆域区分为九州，而定其入贡之道路。冀州三面距河，故是时各州之贡道，皆以连河为至。兖州浮于济漯，达于河；青州浮于汶，达于济；徐州浮于淮泗，达于河；扬州沿于江海，达于淮泗；荆州浮于江沱、潜汉，逾于洛至于南河；豫州浮于洛，达于河；梁州浮于潜，逾于沔，入于渭，乱于河；雍州浮于积石，至于龙门、西河，会于渭汭。盖每州均有舟楫之利，此贸迁之所以盛也。兹考禹时所定九州，证以现今地方，便可知禹时之商业，已所及甚远矣，今图示如下：

冀州　山西、河北省境（沧县、河间、冀县以南一带平原不是）暨河南省黄河以北，辽宁西端，渤海北岸一带之地。

兖州　河北省东南境，古大河流域暨山东省西部平原。

青州　泰山脉北，渤海东南缘边，山东、辽东两半岛之地。

徐州　苏、皖两省淮域、及山东省南部。

扬州　苏、皖南境，赣、浙北境，大江流域。

荆州　荆山南，衡山北，两湖省境，延及江西省西北端，北极豫西伏牛、嵩山间、而采淮域一部。

豫州　河南大部，湖北北端，与山东西南端，陕西东南端也。

梁州　陕、甘南境，及四川、西康。

雍州　陕、甘、宁、青、新五省境，及于康、藏之地。

第三节　禹贡之商品

禹既十三年在外，则于土地之肥瘠，物产之多寡，罔不周知，遂别为九州，任土作贡，而于《禹贡》一书，述当时物产之盛，罗列无遗，今举其产品及出产地如下：

九州产物
- 兖州　漆…丝…织文（锦绮之属）
- 青州　盐…绨（细葛）…海物…丝…枲（麻）…铅（锡也）…松…怪石
- 徐州　翟（雉名）…桐（可为琴瑟）…磬
- 扬州　金三品（金、银、铜）…瑶琨（美石似玉）…筱荡（竹）…齿

九州产物	扬州	（象牙）…革（犀兕之革）羽（鸟羽）毛（兽毛）…木（梗梓豫章之属）
	荆州	羽毛齿革…金三品…杶干栝柏（榦柘木之可为弓榦者）…砺砥（磨石）砮（石中矢镞）…丹（朱类）…菌簵楛（中矢榦）…菁茅（祭祀缩酒，缩酒者，束茅立之，酒沃其上，若神饮之，一茅三脊曰菁）玄纁（绛色币）…玑（珠类）…组（绶类）…大龟
	豫州	漆…枲…缔纻（纻麻也）…纤纩（锦之细者）…磬错（治磬之错）
	梁州	璆（玉石）…铁…银…镂（刚铁）…砮磬…熊罴狐狸织皮
	雍州	球琳（美玉石）…琅玕（石似玉）
四夷产物	北	岛夷皮服（以鸟兽之皮为服）
	东	莱夷㮛丝（山桑之丝坚韧为琴瑟弦者）
	南	淮夷蠙珠（蚌蜯之别名）…鱼…玄（黑缯）…纤缟（白缯之细者）南岛夷卉服（葛布之服）…织贝（锦名织为贝文）…橘柚
	西	昆仑、析支、渠搜诸戎织皮（皮衣）

就以上所列举者观之，则夏禹之时，本部九州之内，商业既已发达，而本部与外部之交通，亦渐萌芽，商业之蒸蒸日上，实为黄帝以降第一新时期也。禹在位时，两会天下诸侯，其一会于涂山，其二会于会稽，执玉帛者万国。玉为五等之圭，而帛则为缥玄黄三色之币，观当时朝会之盛，则商业交易之繁荣，可以知矣。

第四节 大夏之衰亡

禹确立传子之定法,事出创举,举国疑之,甘之战,启卒灭有扈而传子之局遂定。数传至太康无道、后羿、寒浞相继而起,至桀而遂亡于商汤。国家失其政,则商贾失其业,于是徯后来苏,而新王之用兵,必首曰耕市不惊,耕者农也,市者商也,商贾安其业,则箪食壶浆、以迎王师,此汤武所以为顺天应人也。

第三章　商之商业

第一节　商之灭夏政策

夏桀之时,女乐三万人,晨噪于端门,乐闻于三衢,是无不服文绣衣裳者。伊尹以薄之游女,工文绣纂组,一纯得百钟之粟于桀之国。夫桀之文绣衣裳,悉仰给于商,是夏之工商业,均为不振也明矣。伊尹专有文绣纂组之利,用夏粟而来夏人,是汤之灭夏乃以商业政策也。管子曰"桀霸有天下而用不足,汤有七十里之薄,而用有余,天非独为汤雨菽粟,而地非独为汤出财物也。伊尹善通移轻重,开阖决塞,通于高下徐疾之筴,坐起之费时也"。

第二节　商代关市之政

商代以九夷、八狄、七戎、六蛮,为四海,四海之货皆与中土交易，故是时关政讥而不征，所以来远物也。市有市官，于天子巡守之时，使纳市价，以观民之好恶，而入市之物，亦唯廪而不税。至圭璧金璋，命服命车，庙器牺牲，戎器，锦文珠玉，衣服饮食，以及用器兵车不中度者；布帛精粗，幅广狭不中数量者；奸色乱正色者；咸不鬻于市。五谷不时；果实未熟；木不中伐；禽兽鱼龟不中杀者；亦不鬻于市。当时恤商之政，虽极宽大，而禁止亦严，盖制器以便民用，备物以卫民生，固当留意也。

第三节　庶政之修明

汤既诛桀，其改良夏之秕政者，不止一端，关石和钧，（关通也，三十斤为钧，四钧为石，言关通衡石之用，使之和平也。）夏禹所以兴夏也。后失其度，而汤为正之，铸庄山之金以为币，以赎民之无馈卖子者，而钱币充，民食足，百姓无颠连流亡之苦矣。制官刑以儆于有位，而贪墨之官吏无敢得其贿赂，而财不聚于上矣。凡斯数者，其所以裨益于商业者，非浅鲜也。

第四章　西周之商业

第一节　周初之商业

　　文王在程,作程典以告周民曰:"士大夫不杂于工商,商不厚,工不巧,农不力,不可以成治;士之子不知义,不可以长幼;工不族居,不可以给官,族不乡别,不可以入惠;族居乡别,业分而专,然后可以成治。"经国大猷,无过于此矣。后文王在鄂作文传以训武王,亦曰:"山林以遂其材,工匠以为其器;百物以平其利;商贾以通其货;工不失其务;农不失其时;是为和德。"武王克殷之后,因殷积粟,大兴商业,以巨桥之粟,与缯帛黄金互易,粟入于民,而缯帛黄金入于天府,赡军足国,不恃征敛,其恤商裕库之政,深堪为后世取法也。

第二节　周之商政

有周一代之商政，举为周公所厘定，最为详密而严整。兹述其商政之概要如下：

一、重市政　周制市在王宫之后，方各百步，凡建国内宰，佐后立市，设其次，置其叙，正其肆，陈其货贿，出其度量淳制，其地分为三：中为大市，日昃而市，百族为主，东偏为朝市，朝时而市，商贾为主，西偏为夕市，贩夫贩妇为主。三市均有思次介次。思次为市师莅治之所，开市则上旌以为众望，介次为胥师贾师莅治之所。每二十肆有一次。司市掌市之治教政刑，量度禁令，以次叙分地而经市；以陈肆辨物而平市；以致令禁物靡而均市；以商贾阜货而行布；以量度成贾而征价；以质剂结信而止讼；以贾民禁伪而除诈；以刑罚禁虣而去盗；以泉府同货而敛赊。又有贾师各掌其次之货贿之治，辨其物而均平之，展其成而奠其贾，然后令市。凡天患，禁贵价者，使有恒贾，四时之珍异亦如之。司市治市之货贿，六畜，珍异，亡者使有，利者使阜，害者使亡，靡者使微。胥师各掌其次之政令，而平其货贿，宪刑禁焉。察其诈伪饰行价慝者，而诛罚之，以防害民。其在市中之治讼，大者市师听之，小者胥师贾师听之。市中禁斗嚣虣乱，出入相陵犯，及以属游饮食者。市人犯禁，则司虣搏而戮之。司稽掌巡市而察其犯禁者，与其不物者而搏之。有盗贼则司稽执以徇且刑之。至于商民坐作出入，皆有定则，胥各掌其所治之政，执鞭度而巡其前，掌坐作出入之禁令，有不正者，则掩袭之，以维持市肆之治安。

周时商贾契约有质剂之法，所以使商人之资本有所措，信用有所凭，而巩固商业之基础也。《周礼》大市以质，小市以剂，质剂皆券也，质长而剂短，大市人民牛马之属也，则用长券，小市兵器珍异之属也，则用短券。司市以质剂结信而止讼，质人掌稽市之书契，同其度量，壹其淳制，巡而考之，犯禁者举而罚之，廛入则掌敛市之软布、总布、质布、罚布、廛布，而入于泉府。其治质剂也，国中一旬，郊二旬，野三旬，都三月，邦国期，期内听，期外不听，盖期约各有时效，所以保护交易之安全，而杜绝人民之健讼也。

二、征商税　周世征商，凡二大类：一曰市场之征，有屋税，名曰软布，有货税，名曰总布，有地税，名曰廛布，有契约之税，名曰质布，有犯市令而罚之者名曰罚布，惟国凶荒札丧（疫疠）则市无征，而作布。一曰门关之征，凡出入不物者，正其货贿，凡财物犯禁者举之。司关司货贿之出入者，掌其治禁，与其征廛，国凶札则无关门之征，犹几。

三、立泉府　司市以泉府同货而敛赊。按泉府之职，掌以市之征布，敛市之不售，货之滞于民用者，以其价买之。物揭而书之，以待不时而买者。凡赊物者无息。祭祀无过旬日，偿其直，丧纪无过三月，偿其直。凡民之贷财者有息。园廛二十而一，近郊者十一，远郊者二十而三，或以国服为之息。国服为之息者，以其于国服事之税为息也。夫泉府敛其不售，有操纵贸易之权；贷民之用，有通融资本之法，而皆假泉府以为流通焉。

四、同度量　武王造周，而以同律度量衡为始。如以秬黍正尺度，长九寸，径三分，为黄钟之管，量衡依之而定。而《周官》六典，典度量之官有内宰，（内宰出度量淳制）质人，（质人同其度量，壹其淳制，巡而考之，犯禁者举而罚之，见《地官》）合方式（合方氏、同其度器，壹其度量，见《夏官》）大行人，（大行人同度量，同数器，见《秋官》）诸职，市中成买，必以量度，而守护市门之胥，亦执鞭度以巡于所治之前，其注重于度量权衡者至矣。

五、谨门关　市肆之制虽善，而门关无善制以相辅翼，则恤商之政，犹未备也。周代商贾，凡通货贿出入门关，必以玺节，故司关掌国货之节，以联门市，自外来者，则案其节，而书其货之多少，通之国门，国门通之司市。自内出者，司市为之玺节，通之国门，国门通之关门，以检猾商。玺节之外，又有传，商或取货于民间，无玺节者至关，关为之传。出入货税，均百取其一，其停阁于关下邸舍者，别纳廛布。货不出于关，则举其货，罚其人。国之司门，亦几出入不物者，正其货贿，凡财物犯禁者举之，以为养老恤孤。国凶札则无门关之征。

如右所述，周代商政，大略具矣。推其行政之意，始之以董劝，以兴其业，继之以乐利，以遂其情，规划精而无繁苛，禁令严而无蠹害。又如《秋官》所载，朝士之职，凡民同货财者，令以国法行之，犯者刑罚之。（郑注：同货财者，谓合钱共贾者也。）其法虽不详，疑必有与今日公司合伙等制度相近者在也。

第三节　西周商业之衰敝

　　西周商业，由国内而推至外国，重译而至者三十六国，然其后所以中衰者，则由于封建之弊。盖商业者，以交通而益盛者也。周之初，虽曰大封诸国，而实则以王畿为中心，故其时商业无远弗届，脉络贯通；王泽既竭，而各国自为风气，交通既多且阻碍，而运输遂以不便，入境问禁，入国问俗，货物之周转不灵矣。且西京、酆、镐之地，僻处西陲，乃用兵之地，非商战之地也，前阻大河，后据峻岭，四塞之固，此于交通上大有阻力，夫帝都为商业之总枢机，宜择通达之地，此岂所宜者，国力强时，犹可以控制诸侯，至穆王失道，巡游无度，而周德衰，昭王南征不复，为诸侯跋扈王威不振之证，是时西有犬戎，北有玁狁，又皆在肘腋之下，幽厉继行无道，周遂不能安处于西矣。盖商业者，以国之治乱为盛衰，周室之扰乱已极，商业宜其不振，洛邑居天下之中，于商业极为适合，则周之东迁，由商业上言之，固未为失计也。

第五章　东周之商业

第一节　春秋商业之趋向

　　春秋之商业，可分为二期：第一期为黄河流域之商业，第二期为扬子江流域之商业，故其时强国之势，亦由北而趋南，齐也、晋也、宋也、郑也，皆黄河流域之国也。周之东迁，晋、郑为依，故春秋开始，郑国最占势力，其次则为齐。齐自桓公用管仲而始强，遂为五霸之首，桓公殁而国乱，宋襄继之而伯，然为楚所厄，楚遂大强。盖扬子江流域之国，商业兴盛，汉阳诸姬，楚实尽之，方城为城，汉水为池，其交通广便，固非黄河流域诸国所能及也。楚庄王问鼎轻重，大有进窥王室之心，而北方适有晋文公起而与竞，城濮之战，践土之盟，皆足以抑制楚心，故楚不得逞志于中国，而南下并吞小蛮国。春秋季世，晋渐不竞，而楚遂益张，然其末期也，吴强越霸，吴、越皆扼扬子江之口者，故其势渐强，然则所谓春秋之趋势，由北而趋南者，盖由黄河趋扬子江，又由扬子江上流趋于扬子江下流，岂非随商业之趋向而进行乎？秦在黄河之西，燕在黄河之东北，而均为黄河所阻，故燕在春秋时少通于中国；秦虽力争中原，而僻处西陲，交通不便，以穆公之刚忍有为，仅霸西戎而已。故吾于春秋之交通，可谓之为黄河以南，与扬子江以北之交通。

第二节　郑之商业

春秋诸国，郑之商贾，最著称于世。盖郑密迩周京，东迁之始，王畿与各侯国，商业交通最盛，而郑实当其冲，因地势之便，故其商业之盛，为各国之冠。初宣王封母弟友于宗周畿内咸林之地，是为郑桓公。其后王室多故，桓公欲避其难，问于史伯，史伯劝其取济、洛、河、颍间之地，桓公从之，寄帑与贿于虢、郐之国，其商人从焉，桓公与之盟，而共出自周，是郑以商人创国也。平王东迁之后，桓公子武公为平王卿士，几有左右王室之势，遂取虢、郐之地，右洛左济前华后河，食溱、洧焉。郑地水道四达，为各国之要津，商业之兴，实由于此。

郑之商贾，通货鬻财，而能知国家大计，富于爱国之心者，以弦高为最著。郑穆公时高见郑国凌弱，为秦、晋所逼，乃隐不仕，为商人，及晋文公返周，与秦穆公伐郑围其都，郑人私与秦盟，而晋师退，秦又使大夫杞子等三人戍郑，居三年，晋文公卒，襄公初立，秦穆公方强，使百里、西乞、白乙帅师袭郑，过周及滑、郑人不知，时高将市于周，遇之，谓其友曰："师行数千里，又数经诸侯之地其势必袭郑，凡袭国者，以无备也，示以知其情也，必不敢进矣。"乃矫郑伯命,以十二牛犒秦师,且使人速告郑为备,杞子亡奔济,孟明等反至崤,晋人要击之,大破秦师,郑于是赖高而存。郑穆公以存国之赏赏高,高辞曰"诈而得赏,则郑国之政废矣,为国而无信,是败俗也,赏一人而败国俗,智者不为也",遂以其属徙东夷,终身不返。世多知高之犒师为有特识,而不知其辞赏,高谊尤为可风。然郑之商贾有高节奇行者,固不止高一人。邲之战,晋之荀罃为楚所执,郑人贾于楚者,密与罃谋,将寘诸褚中而出,既谋之未行,而楚人归之,贾人如晋,荀罃善视之,如实出己,贾人曰"吾无其功,敢有其实乎?吾小人不可以厚诬君子",遂适齐,此贾人虽姓名不传,然其智谋及行谊,固不在弦高之下。郑之商贾,西至周、晋,南居楚,东适齐,是当时列国无不有郑商踪迹,而其商人皆富于爱国之心,高节伟度,荦荦可传,郑之能以弹丸小国,介于两大之间而无害者,赖有此欤!

郑简公、定公之时,子产执政,市不豫贾,门不夜关,史称其治。晋卿韩宣子起尝聘于郑,宣子有环,其一在郑商,宣子谒诸郑伯,子产弗与,曰"非官府之守器也,寡君不知"。韩子买诸贾人,既成贾矣,商人曰"必告君大夫",韩子请诸子产,子产曰"昔我先君桓公与商人皆出自周,庸次比耦,以艾杀此地,斩之蓬蒿藜藋,而共处之,世有盟誓,以相信也,曰'尔无我叛,我无强贾,毋或匄夺,尔有利市宝贿,我勿与知',恃此盟誓,故能相保以至于今,今吾子以好来辱,而谓敝邑强夺商人,是教敝邑背盟誓也,毋乃不可乎?吾子得玉而失诸侯,必不为也,若大国今而共无艺,郑鄙邑也,亦勿为也,侨若献玉,不知所成,敢私布之"。韩子辞玉曰"起不敏,敢求玉以徼二罪,敢辞之"。夫以一环之微,而郑商不敢私售，郑卿不敢强夺，商律之修明，商人权利保护之周至，皆为后世所当奉为圭臬。而推原其故，则自桓公开国之时，已立盟誓，恤商之典，世守勿替，故能不挠于大国。一国之内，上下一心，虽有外侮，谁能间之。

第三节　卫之商业

卫为黄河流域重要之地，然而逼处他族，商业衰微，懿公好鹤，鹤亦有禄位，衣以锦绣，乘以高轩，人心已失，国势岌危，致为狄所灭。戴公栖于下邑，勉强定国，文公移于楚邱，招集流亡，力图恢复，以身作则，提倡节俭，衣大布之衣，戴大帛之冠，复以实业主义，勤训其民，务财训农，通商惠工，元年革车三十乘，季年乃三百乘。由此观之，处丧败之余，能振兴实业，国虽小，犹足以自振也！

第四节　齐之商业

齐当受封之初，疆域东至海，西至河，南至穆陵，北至无棣，故其建国实占域中之形胜。太公因势利导，兴渔盐之利，而国以富饶。管仲本其余策,以佐桓公,遂使四方商旅辐辏、临淄、海岱之间,联袂朝齐,而齐以霸。迄于战国,齐南有泰山,东有琅琊,西有清河,北有渤海,地方二千余里,地利既饶,海产丰富,运输利便,齐之以商业称雄当世,岂偶然哉?

春秋之世,攘夺频仍,五霸迭争雄长,而齐桓之霸也以管仲,管仲之能使齐霸也以实业。管仲深知实业与政治之关系,尝曰:"万乘之国,必有万金之贾,千乘之国,必有千金之贾,百乘之国,必有百金之贾,故其制国定民,务使士农工商,四民不杂。"其言曰:"商群萃而州处,观凶饥、审国变,察其四时,而监其乡之货,以知其市之价,负任担荷,服牛辂马,而周四方,料多少,计贵贱,以其所有,易其所无,买贱鬻贵,是以羽旄不求而至,竹箭有余于国,奇怪时来,珍异物聚,旦夕从事于此,以教其子弟,相语以利,相示以时,相陈以贾,少而习焉,其心安焉,不见异物而迁焉,是故其父兄之教,不肃而成,其子弟之学,不劳而能,夫是故商之子弟常为商也。"且管子非独重本国之商。有时亦设法招徕外国之商,尝著令为诸侯之商贾立客舍,一乘者有食,三乘者有刍菽,五乘者有伍养,天下之商贾,归齐者如流水。管子治齐既久,国中大治,商贾之民咸富,盖管子困时尝与鲍叔贾,其于商贾之事,固尝亲历其境也。

第五节　鲁之商业

鲁亦山东之国，然形势与齐不同，齐为海国，而鲁则有陆国之势，故商品远不及齐，然山东为与各地交通之孔道，故商业亦盛。子贡之货殖，亿则屡中，实为商业之巨子，结驷连骑，以游诸侯，所至无不分庭抗礼，一言而能存鲁，其爱国之精神，深堪为我人取法也。鲁之商业政策最为可称者，莫如市制，鲁之市制，有候馆，有贾正，盖犹循西周之法也。定公时贩羊之沈犹氏，常朝饮其羊，及孔子为司寇，沈犹氏不敢朝饮其羊。孔子为政三月，鬻牛马者不储价；卖羊豚者不加饰；男女行者别于涂，涂不拾遗；四方客至于邑，不求有司，皆如归焉。孔子之政策，今不尽传，疑必修先王之典，行偏饰之禁，故市肆为之改观，独惜其执政不久耳！

第六节　晋之商业

晋之为邦，险而多马，其灭虞也，即以屈产之乘，又其南境解州有盐池，唐、虞以来，号称利薮。故当晋人谋去故绛，诸大夫皆曰"必居郇瑕氏之地，沃饶而近盐，国利民乐，不可失也"

晋之地利，不亚于齐国，其民又多俭啬之风，忧深思远，不事娱乐，故与商业之性质尤宜；近世山西商贾，著称宇内，盖其所由来者远矣。

齐霸既熄，而晋文兴，晋所以强，其富教之略，亦足纪焉。文公之初即位也，属百官，赋职任功，弃职薄敛，施舍分寡，救乏振滞，匡困质无，轻关易道，通商惠宽，懋穑劝分，省用足财，利器明德，以厚民性，举善援能，官方定物，正名育类，昭旧族，爱亲戚，明贤良，尊贵宠，赏功劳，事耆老，礼宾旅，友故旧，政平民阜，财用不匮，故城濮一战，施威定霸，文之教也。至悼公复为盟主，魏绛列和戎之利，则言戎狄荐居，贵货易土，土可贾焉，是以通商政策，为开疆拓土之政策矣。

第七节　楚之商业

春秋之时，南方诸国，以楚为最强，楚之所以强者，物产富也。王孙圉曰"楚有薮，曰云连、徒洲，金木竹箭之所生也，龟珠角齿，皮革羽毛，所以备赋而戒不虞也"。由是观之，金珠诸物，咸出于楚，非北方诸国所可及。然楚之物产，亦以商人运致他国，观晋文公之对楚成王曰"子女玉帛，则吾有之，羽毛齿革，则君地生焉，其波及晋国者，吾之余也"。蔡、公孙归生之言曰"杞梓皮革，自楚往也，虽楚有材，晋实用焉"。楚地富于羽毛齿革杞梓之材，而远及于晋国，是楚之商业，固甚盛也。晋栾书述楚庄王之霸，谓"楚君无日不讨国人而训之以民生之不易，祸至之无日，戒惧之不可以怠，训之以若敖、蚡冒筚路蓝缕，以启山林；箴之曰，民生在勤，勤则不匮，是以举不失德，赏不失劳，老有加惠，旅有施舍，君子小人，物有服章，及其荆尸而举，商农工贾，不败其业，而卒乘辑睦"。夫楚之为政，以勤劝众，以俭率下，故虽兴师国外，而人民尚能安居乐业也。

第八节　吴越之商业

滨海之国，在北为齐，在南为吴、越，当时齐为雄国，太公倡率于前，管子经营于后，故齐冠带衣履天下；而吴、越尚沉于蛮夷之域。及春秋之末，吴、越始大，通于上国。第吴之兴也，唯于军事上为切实之经营，不知经营实业为军事之后盾，故其亡也，市无赤米，其商业之腐败可知矣。

越之兴也，十年生聚，十年教训，虽由勾践卧薪尝胆之功，实系计然经营实业之力。计然尝处吴、楚、越之间，以渔三邦之利。勾践以迫于会稽之耻，知非从培养国力入手，不可以有为，遂以生聚之策，属之计然。计然尝告勾践曰"知斗则修备，时用则知物，二者形而万物之情可得而观已。夫籴二十病农九十病末，病末则财不出，农病则财不辟，上不过八十，下不减三十，则农末俱利，平籴齐物，关市不乏，治国之道也。积著之理，务完物，无息币，以物相贸易，腐败而食之，货物留，无敢居贵，论其有余不足，则知贵贱，贵上极则反贱，贱下极则反贵，贵出如粪土，贱取如珠玉，财币欲其行如流水"。越王善其言，修之十年，越国富厚，七年而沼吴。吴、越之兴亡，率由于商业，商业之于国，关系大矣。

第九节　秦之商业

秦之不能与晋争者，以地势不便于交通，然自穆公霸西戎，于是不能东略者，亦得肆其西封，其时陕西、甘肃各地，大约皆秦之商业所及。至孝公用商鞅，鞅持农战主义，痛抑商人，欲民去商贾而事地利，顾其国民有善贾之习性，非政府之权力所得而限制者。后吕不韦以阳翟大贾，入而相秦，于是政策一大变，改重农主义为重商主义。农政粟，工攻器，贾攻货，又一度量，平权衡，正钧石，齐升斗，易关市，来商旅，入货贿，以便民事。秦之所以统一天下，吕不韦实与有力焉。

第十节　货殖家略传

管仲略传　管仲名夷吾，继高傒为齐相，设轻重九府，桓公以霸。其书述轻重十九篇，要以钱币制谷粟视物轻重而准之，其言曰"五谷食米，民之司命也；黄金刀币，民之通施也；善者执其通施以御其司命，民力可得而尽也。夫民者，亲信而死利，海内皆然，民予则喜，夺则怒，民情皆然，先王知其然，故见予之形，不见夺之理，利出一孔者，其国无敌，出二孔者其兵不诎，出三孔者不可以举兵，出四孔者其国必亡，先王知其然，故塞民之养，隘其利途，故予之在君，夺之在君，贫之在君，富之在君，为国不通于轻重，不可为笼以守民，不能调通民利，不可以语制为大治，以重射轻，以贱泄平，万物之满虚，随财准平而不变。凡五谷者，万物之主也，谷贵则万物必贱，谷贱则万物必贵，两者为敌，则不俱平，故人君御谷物之秩，相胜而操事于其不平之间，故万民无藉而国利归于君"。《管子》轻重之说，累数万言，其大要如此，此于货殖学卓然成一家言者矣。

　　子贡略传　子贡名赐、卫人，既学于孔子，退而仕于卫。其为人也，利口巧辞，以言语擅长，尝一出而存鲁乱齐破吴强晋而霸越，盖纵横家之祖也。史称子贡好废举，与时转货赀，尝相鲁、卫，家累千金，而废著鬻财于曹、鲁之间，七十子之徒，以赐最为饶益，结驷连骑，束帛之币，以聘享侯，所至国君，无不分庭与抗礼，使孔子之名布扬于天下。孔子曰"赐不受命，而货殖焉，亿则屡中"，盖嘉其不藉官吏之力，而能意贵贱之期，数得其时也。

　　计然略传　计然姓辛氏，字文子，其先晋国亡公子也。计然为人，有内无外，状貌似不及人，少而明学阴阳，见微知著，其志沉沉，不肯自显，尝南游于越，范蠡师事之，请其见越王，计然言息货，王不听，乃退而不言，处于吴、楚、越之间，以渔三邦之利。已而越王闻其贤，复请受教。计然之学，长于牟利，其论商之旨，可分为四端：即（一）察尚好，（二）重交通，（三）

尚平均，（四）戒停滞是也。著有《内经》及《万物录》，今已不传。

范蠡略传　范蠡、楚人也，事越王勾践苦身勠力，与勾践深谋二十余年，竟灭吴，勾践以霸，而范蠡称上将军。范蠡既雪会稽之耻，乃喟然而叹曰"计然之策七，越用其五而得意，既已施之国，吾欲用之家，且勾践为人可与同患，难与处安"，乃装其轻宝球玉，自与其私徒属乘扁舟浮于江湖，变名易姓，适齐为鸱夷子皮，耕于海畔，苦身勠力，父子治产。居无几何，致产数千万，齐人闻其贤以为相，范蠡喟然叹曰："居家则致千金，居官则至卿相，此布衣之极也，久受尊名为不祥，"乃归相印，尽散其财，以分与知友乡党，而怀其重宝，间行以去，止于陶，为朱公。朱公以为陶天下之中，诸侯四通，货物所交易也，乃治产积居，与时逐，而不责于人，十九年之中，三致千金。再分散与贫交昆弟，后年衰老而听子孙，子孙修业而息之，遂至巨万，故言富者，皆称陶朱公。

猗顿略传　猗顿，鲁之穷士，耕则常饥，桑则常寒，闻陶朱公富，往而问术焉，朱公告之曰："子欲速富，须蓄五牸"，于是乃适西河，大畜牛羊于猗氏之南，十年之间，其滋息不可计，赀拟王公，驰名天下，以兴富于猗氏，故称曰猗顿。《史记》称猗顿用盬盐起，而不言其传朱公之术，猗顿近解州，其以盬盐起亦宜。

第六章　周末之商业

第一节　战国商业之大概

战国之世,争地夺城,人无宁居,其商业已处于不振之势,而又割据纷争,交通阻梗不便于商业之往来。其当时之君臣,率皆以强兵为重,民事为轻,故孟子之对梁惠、齐宣皆以行仁政之说告之,盖以民既憔悴于虐政,苟有一二不世出之君,膏泽下民,则耕者咸欲耕于其野,而商贾咸欲出于其途,是亦以仁政为振兴实业之用也;而时君以为迂阔而不用,遂至终战国之世,干戈扰攘,迄无终日,战国百八十年间,商业不振之原因,胥以此也。

第二节　战国民俗与商业之关系

春秋之世,周室衰,礼法隳,诸侯大夫,皆以奢侈相尚,士庶人莫不离制而弃本,稼穑之民少,商旅之民多,谷不足而货有余。

桓、文之后，礼谊大坏，上下相冒，国异政，家殊俗，嗜欲不制，僭差亡极，于是商通难得之货，工作亡用之器，士设反道之行，以追时好，而取世资。富者木土被文锦，犬马余肉粟，而贫者短褐不完，啜菽饮水，而以财力相君者，虽为仆虏，犹亡愠色。盖周初井田封建之制，务使齐民无贫富之差，列国无强弱之患，意本至善，然使其制长存，则人民之智力，永无竞胜争长之时。人之有生，嗜进而好胜，而生齿之繁，又与年俱增，养欲给求，必不能预为之限，故自周初至于春秋之末，国家制度，与人民生计，潜移默变，俱出于不知，以班氏之言证之，其所谓礼谊大坏，嗜欲不制者，正由生计之艰，不得不改途易辙之故。人民智力日奋，然后有甚贫甚富之殊，而以其贫富之殊，弥足以促智力之进步，然春秋时人民生计之变迁犹缓而小，战国时人民生计之变迁愈速而大。春秋、战国之交，农商代嬗之时也。三代以前，所用者井田之制，至战国而其法隳，人民非自谋生计不可；而用贫求富，农不如工，工不如商，故战国时周人皆改谋生之术，由农业而趋于商贾。《史记》苏秦传曰"周人之俗，治产业，力工商，逐什二以为务"。《游侠传》曰"周人以商贾为资"。《货殖传》曰"鲁俗好儒，及其衰好贾，趋利甚于周人"。《汉书·地理志》曰"周人之失，巧伪趋利，贵财贱义，高富下贫，喜为商贾，不好仕宦"。此皆好为商贾之征，王畿之民，好为商贾，则其诸国之俗，可以知矣。

周人之善为商者，以白圭为最。《史记》曰"白圭、周人也，乐观时变，人弃我取，人取我与，岁熟取谷，予之丝漆，茧凶取帛絮，与之食，能薄饮食，忍嗜欲，节衣服，与用事僮仆同苦乐，趋时若猛兽鸷鸟之发，故曰，吾治生产，犹伊尹、吕尚之谋，孙吴用兵，商鞅行法是也。是故其智不足与权变，勇不足以决断，仁不能以取予，强不能有所守，虽欲学吾术，终不告之矣"。盖天下言治生，祖白圭。圭之趋时，若是之疾，盖必有与圭竞者，故其经商之术，又出子贡、范蠡上也。

商业盛而农业衰，此非有国者之福也，故其时深识之士，咸以重农为主，而其首唱之者李悝也。《汉书》曰"李悝为魏文侯作尽地力之教，以为地方百里，提封九万顷，除山泽邑居，参分去一，为田六百万亩，治田勤谨，则亩益三升，不勤则损亦如之，地方百里之增减，辄为粟百八十万石矣"。又曰："籴甚贵伤民，甚贱伤农，民伤则离散，农伤则国贫，故甚贵与甚贱，其伤一也。善为国者，使民无伤，而农益劝。一夫挟五口，治田百亩，岁收亩一石半，为粟百五十石，上孰其收自四，余四百石，中孰自三，余三百石，下孰自倍，余百石，小饥则收百石，中饥七十石，大饥三十石，故大孰则上籴三而舍一，中孰则籴二，下孰则籴一，使民适足，贾平则止，小饥则发小孰之所敛，中饥则发中孰之所敛，大饥则发大孰之所敛而籴之，故虽过饥馑水旱，籴不贵而民不散，取有余以补不足也。"行之魏国，国以富强，农商分业，而国家为之调剂其间，盖虽示劝农之意，犹未至于抑商也。

自秦孝公用商鞅变法自强，而鞅遂大倡重农抑商之说。其言曰"民之内事，莫苦于农，故轻治不可以使之。奚谓轻治？其农贫而商富，故其食贱者钱重，食贱则农贫，钱重则商富，末事不禁，则技巧之人利，而游食者众之谓也。故农之用力最苦，而赢利少，不如商贾技巧之人，苟能令商贾技巧之人无繁，则欲国之无富，不可得也。故曰欲农富其国者，境内之食必贵，而不农之征必多，市利之租必重，则民不得无田，田不得不易其食，食贵则田者利，田者利则事者众，食贵籴食不利，而又加重征，则民不得无去其商贾技巧而事地利矣"。又曰"国之所以兴者，农战也。农者寡而游食者众，故其国贫危，其境内之民，皆事商贾，为技艺，避农战，如此则不远矣"。农用力最苦，而赢利少，而商君必使商贾技巧之人归农，盖商人轻去本国，而战事必仰农食，故不得不出此策也。《史记·商君列传》曰"大小勠力本业，耕织致粟帛多者复其身，事末利及怠而贫者，举以为收孥"，是法立而秦人之强，甲于诸国矣。

偏重农商，均有流弊，故孟子所持政策，与李悝、商鞅殊。其告齐宣王曰"今王发政施仁，使天下仕者皆欲立于王之朝，耕者皆欲耕于王之野，商贾皆欲藏于王之市，行旅皆欲出于王之涂，其若是，孰能御之"，是孟子于农商固无偏重也。其所谓仁政有五："一曰尊贤使能，俊杰在位，二曰市廛而不征，法而不廛，三曰关讥而不征，四曰耕者助而不税，五曰廛无夫里之布"，盖孟子之主义，极以征商为非。其称文王则曰"关市讥而不征"，又曰"古之为市者，以其所有，易其所无，有司者治之耳，有贱丈夫焉，必求垄断而登之，以左右望，而罔市利，人皆以为贱，故从而征之，征商自此贱丈夫始矣"。又曰"古之为关也，将以御暴也，今之为关也，将以为暴也"。当时关市之病商，殆有甚于暴敛农民，故孟子欲复古者不征之制。至其劝农之法，亦以复古为主，不取抑商之策也。

然世局之变，固非人力所能挽，战国之时，商业既兴，大利所在，人竞趋之。顿弱曰"有其实而无其名者，商人是也，无把铫椎耨之势，而有积粟之实，无其实而为其名者，农夫是也，解冻而耕，暴背而耨，无积粟之实"。吕不韦谓其父曰"耕田之利几倍",曰"十倍","珠玉之利几倍?"曰"百倍"。利弊相悬若此,故当时货物流衍,商贾殷填,虽有重农抑商之说,莫之能御。荀子曰"北海则有走马吠犬焉,然而中国得而畜使之;南海则有羽翮齿革,曾菁丹千焉,然而中国得而财之;东海则有紫蚨鱼盐焉,然而中国得而衣食之;西海则有皮革文旄焉,然而中国得而用之。故泽人足乎木,山人足乎鱼;农夫不斫削不陶冶,而足械用;工贾不耕田而足菽粟,此货物流衍之征也"。《国策》曰"临淄甚富而实,其民无不吹竽鼓瑟击筑弹琴斗鸡走犬六博蹋踘者,临淄之途,车毂击,人背摩,连衽成帷,举袂成幕,挥汗成雨,家熟而富,志高而扬",此商贾殷填之征也。盖当时虽厚刀布之敛,以夺其财;苛关市之征,以难其事;而争利者于市,固不患其不至也。

战国之时,交易于市者,率朝聚而夕散。谭拾子曰"市朝则满,夕则虚,非朝爱市而夕憎之也,求存故往,亡故去",此其证也。市有吏以治之,其名曰掾。田单当齐湣王时,为临淄市掾,可证当时各国争城争地,以有市之地为贵。苏秦说齐湣王曰"通都大邑,置社有市之邑,莫不奉王"。冯亭告赵王曰"韩不能守上党,今有城市之邑七十,愿拜内之于王",是其邑之有市者,重于他邑也。当时又有军市,则随军市易之所。商鞅曰"令军市无有女子,而命其商,令人自拾甲兵,使视军兴,又使军市无得私输粮者,则奸谋无所于伏"。《齐策》亦有"士闻战则输私财而富军市"之语。是其时秦、齐诸国,咸有军市也。至赵、李牧为赵守边,以便宜置吏,市租皆输入莫府为士卒军费,则当时边将亦兼辖市政明矣。

战国之时,商业既盛,各国富力亦增,黄金之用甚炽,此非春秋时所有也。《汉书》称"秦并天下,币为二等。黄金以镒为名"。

（二十两为镒）颜师古曰"改周一斤之制，更以镒为金之名数也"，实则战国时用金即以镒计，孟子曰"于齐王馈金一百而不受，于宋馈七十镒而受，于薛馈五十镒而受"。《国策》曰"当秦之隆，黄金万镒为用"。又曰"攻齐，令曰，得齐王头者赐金千镒"，又曰"李兑送苏秦，黄金百镒，秦得以为用"又曰"苏代献黄金千镒于淳于髡"，是皆战国时用金名镒之证。然当时用金，亦非专以镒计，尚有沿周代一斤之制者，《国策》曰"冯旦请杀昌他，西周君予金三十斤"，又曰"秦王资姚贾车百乘，金千斤"，又曰"梁遣使者黄金千斤，车百乘，聘孟尝君"，又曰"南后以金千斤与张仪、郑袖亦金五百斤"，又曰"今樊将军秦王购之金千斤"，是其时用金亦有以斤计也。金货之流通，若是之多，人民生计之进步，亦可推见，世徒知战国时兵革死丧之惨，而不知其富饶实远轶于前古也。

第七章　秦之商业

第一节　秦人之善于经商

秦文、孝、缪居雍，隙陇、蜀之货物而多贾，献孝公徙栎邑，栎邑北却戎翟，东通三晋，亦多大贾，是秦民固善于经商也。始皇之初政，以文信侯吕不韦为相，不韦故阳翟大贾，往来贩贱卖贵，家累千金，故其为政，颇重商业。《吕览》曰"凡民自七尺以上，属诸三官，农攻粟，工攻器，贾攻货，仲秋之月，一度量，平权衡，正钧石，齐斗甬，是月也，易关市，来商旅，入货贿，以便民事，四方来杂，远乡皆至，则财不匮，上无乏用，百事乃遂"。秦至始皇时商贾与农夫并重矣。

第二节　秦统一后之商业

秦始皇统一六国，以其民俗之互殊也，于是一法度衡石丈尺，车同轨，书同文。制币为二等，黄金以镒名，为上币，二十两为镒，改周一斤之制，铜钱为下币，铜钱质如周钱，文曰半两，重如其文，是秦代唯一之辅币，而珠玉龟贝银锡之属为器饰宝藏不为币。始皇之政策，在勤劳政事，上农除末，故尝发诸逋亡人赘婿贾人，略取陆梁地。应劭曰"秦时以谪发之名谪戍，先发吏有过，及赘婿贾人，后以尝有市籍者发，又后以大父母、父母尝有市籍者，其法似极严酷"，然始皇开边，专以有市籍者戍之，意者以边境贫瘠。使内地商贾经营其地，或可为兵略之助，惜吾国人民，素无进取思想，以戍为苦，故其殖民政策，未能见效耳。始皇以咸阳帝都所在，系全国政治之中心，应谋经济势力之充实，于是徙天下富豪于咸阳十二万户，关中富商尽诸田，田啬、田兰皆巨万，诸田必临淄富商，始皇徙之，而其富如故，可见商贾初不畏迁徙矣。然诸田由临淄而迁咸阳，犹在通都饶衍之区，若卓氏、程郑、孔氏者或居边地，或居腹地，亦以实业世其家，尤可见当时商贾之毅力矣。考当时以农畜起家者有乌氏倮畜牧及众，斥卖，求奇缯物间献遗戎王，戎王什倍其偿典之畜，畜至用谷量马牛，秦始皇令倮比封君，以时与列臣朝请。宣曲、任氏之先，为督道仓吏，秦之败也，豪杰皆争取金玉，而任氏独窖仓粟，楚、汉相距荥阳也，民不得耕种，米石至万，豪杰金玉，尽归任氏，以此起富，富人争奢侈，任氏折节为俭，力田畜，田畜人争取贱贾，任氏独取贵善，富者数世。及汉之开斥边塞，桥姚致马千匹，牛倍之，羊万头，粟以万钟计。当时以工虞起家者，巴蜀寡妇清，其先得丹穴，擅其利数世，家亦不訾，清寡妇也，能守其业，用财自卫，不见侵犯，秦始皇帝以为贞妇而客之，为筑女怀清台。同时蜀有卓氏，其先赵人，用铁冶富，秦破赵，迁卓氏，夫妻推辇行，诣迁处，诸迁虏少有余财，争与吏求近处，处葭萌，唯卓氏曰"此地狭薄，吾闻汶山之下沃野，下有蹲鸱，至死不饥，民工于市，易贾，乃求远迁，致之临邛，大喜，即铁山鼓铸，运筹策倾滇、蜀之民，富至僮千人，田地射猎之乐，拟于人君焉。程郑者，山东迁虏也，亦冶铸，贾椎髻之民，富埒卓氏，俱居临邛。梁人孔氏者，用铁冶为业，秦伐魏，迁孔氏南阳，大鼓铸，规陂池，运车骑，游诸侯，因通商贾之利，有游闲公子之赐予名；然其赢得过当，愈于纤啬，家致富数千金，故南阳行贾，尽法孔氏之雍容。

[第二编] 中古商业

第一章　西汉之商业

第一节　汉初之贱商法令

《史记》曰"高祖令贾人不得衣丝乘车，重租税以困辱之。孝惠皇后时，为天下初定，复弛商贾之律，然市井之子孙，亦不得仕宦为吏。"其时有七科谪戍之法，吏有罪一，亡命二，赘婿三，贾人四，故有市籍五，父母有市籍六，大父母有市籍七。贾人之权利不得等于农民，而从军之义务，则视他人为重，其挫抑商贾至矣。然汉之贱商，虽亦沿战国诸子重农抑商之说，实则贾人自取之辱，不能专归咎于汉初诸帝也。《史记·留侯世家》"沛公入武关，欲击秦峣下军，良说曰，秦兵尚强未可轻，臣闻其将屠者子，贾竖易动以利，愿沛公且留壁，令郦食其持重宝啖秦将，秦将果畔"。又《陈豨传》"上问陈豨将谁，曰王黄、曼丘臣皆故贾人，上曰，吾知之矣，乃各以千金购黄、臣等"。《萧相国世家》，上曰"相国多受贾人财物，乃为请吾苑"。是当时商贾贪利忘义，廉耻道丧，专事贿赂，以营奸利，故为人主所贱也。

第二节　汉初之商业概况

《汉书》曰"汉承秦之敝，诸侯并起，民失所业，而大饥馑，凡米石五千，人相食，死者过半。天下既定，民无盖藏，自天子不能具醇驷，而将相或乘牛车"。又曰"不轨逐利之民，蓄积余赢，以稽市物，痛腾涌，米至石万钱，马至匹百金"。《史记》"汉兴，海内为一，关梁弛山泽之禁，是以富商大贾，周流天下，交易之物，莫不通得其所欲"，盖其时民近战国，皆背本趋末，陇亩萧条，谷物昂贵，而商贾逐利之徒，故未尝乏也。文帝时晁错称"商贾大者积贮倍息，小者坐列贩卖，操其奇赢，日游都市，乘上之急，所卖必倍，男不耕耘，女不蚕织，衣必文采，食必粱肉，亡农夫之苦，有阡陌之得，因其富厚，交通王侯，力过王侯，以利相倾，千里游敖，冠盖相望，乘坚策肥，履丝曳缟，则法律虽贱商人，商人已富贵矣"。

汉初四方之通商，颇及于远。《史记·南越王尉佗传》"高后时，有司请禁南越关市铁器，佗曰：高帝立我通使物，今高后听谗臣，别异蛮夷，隔绝器物，此必长沙王计也"。是汉初与南越通商也。《西南夷》传"汉兴巴蜀民或窃出商贾，取其筰马僰僮髦牛，以此巴蜀殷富"，是汉初与西南夷通商也。又其时王侯官吏亦多经营商业，如吴王濞招致天下亡命铸钱，煮海为盐，以富国用。赵王彭祖使使即县为贾人，榷会入多于国经税租，以是家多金钱，是诸王之得经商也。景帝元年，廷尉丞相等议，吏若买故贱，卖故贵，皆坐臧为盗，没入臧县官，是汉初百吏有买贱卖贵明也。司马迁曰"天下熙熙，皆为利来，天下攘攘，皆为利往，夫千乘之王，万家之侯，百室之君，尚犹患贫，而况匹夫编户之氓乎？"盖谓此也。

第三节　汉武帝之经济政策

第一款　财用之盈亏

汉自高祖至景武，七十余年之间，人给家足，都鄙仓库皆满，而府库余货财，京师之钱累巨万，贯朽而不可校，太仓之粟，陈陈相因，充溢露积于外，至腐败而不可食。嗣武帝内兴土木，外事甲兵，中外骚扰，财用衰耗，富商大贾，滞财役贫，转毂百数，冶铸鬻盐，财或累万而不佐公家之急，于是黎民重困，而摧浮淫并兼之议起矣。

第二款　钱币之制度

汉初以秦钱重难用，令民更铸荚钱，孝文时更铸四铢钱，其文为半两，除盗铸钱令，使民放铸。贾谊上疏言"法钱不立，民用钱，郡县不同，奸钱日多，市肆异用，其为祸博矣"，帝不听。武帝时，县官往往即多铜而铸钱，民亦盗铸，不可胜数，钱益多而轻，物益少而贵，于是有司议改币制，以白鹿皮方尺，缘以缋，为皮币，值四十万，王侯宗室朝觐聘享，必以皮荐璧，然后得行。皮币价值，建筑在政府命令之上，实为今日法币之权舆。又造银锡白金三品，其一重八两，圆之其文龙，名白撰，直三千；其二重六两，方之其文马，直五百；其三重四两，椭之其文龟，直三百；此为钱币用文及用银之嚆矢。令县官销半两钱，更铸三铢钱，重如其文，盗铸诸金钱罪皆死，而吏民之犯者，仍不可胜数。有司言三铢钱轻，轻钱易作奸诈，乃更请郡国铸五铢钱，周郭其质，令不得摩取镕。郡国铸钱，民多奸铸，钱多轻，而公卿请令京师铸官赤仄，一当五，赋官用非赤仄不得，行白金稍贱，民不宝用，终废不行。其后赤仄废，于是悉禁郡国毋铸钱，专令上林三官铸，钱既多，今天下非三官钱不得行。诸郡国前所铸钱皆废销之，输入其铜三官，而民之铸钱者益少，计其费不能相当，唯真工大奸，乃盗为之。史称"孝武、元狩五年，三官初铸五铢钱，至平帝、元始初年，成钱二百八十亿万余云"。

第三款　盐铁之法

汉初民得自鬻盐铁，武帝时，始以东郭、咸阳、孔仅为大农丞，领盐铁事。咸阳齐之大鬻盐，孔仅、南阳大冶，皆致生累千金，故帝用之。孔仅、咸阳上言"山海天地之藏，宜属少府，陛下不私，以属大农佐赋"，帝从其言，收盐铁入官，募民自给费，因官器作鬻盐，官为牢盆，禁民私铸，铁器鬻盐，犯者釱左趾，没入其器物，郡不出铁者，置小铁官，使属在所县，使仅、咸阳乘传举行天下，盐铁作官府，除故盐铁家富者为吏，使益多贾人于是汉贾得仕宦为吏矣。

第四款　算缗榷酤之法

武帝勤师域外，用度大空，始网罗聚敛，利启多门，岁入之增。什佰于前时。一曰缗钱，诸贾人末作，贳贷买卖，居邑贮积诸物，及商以取利者，虽无市籍，各以其物自占，率缗钱二千而算一；诸作有租及铸（以手力所作而卖之者）率缗钱四千算一，匿不自占，占不悉，戍边一岁，没入缗钱，有能告者，以其半畀之。其后杨可告缗遍天下，乃遣使分治郡国缗钱，得民财以亿计，奴婢以千万数，田宅称是，商贾中家以上，大抵因之破家。二曰车船算，身非为吏之例，非为三老，非为北边骑士，而有轺车，皆出一算，商贾人轺车二算，船五丈以上一算。三曰口赋，民年七岁至十四，出口赋钱。人二十三，二十钱以食天子，其三钱者加口钱以补车骑马。初武帝始定民产子三岁，则出口钱，其后元帝从贡禹之请，改自七岁始，终汉世以为永制。四曰榷酤，榷酤者，县官自酤榷卖酒，小民不复得酤也。昭帝时，始罢此令，令民得以律占租卖酒升四钱。

第五款　均输平准之法

武帝时，言利之臣东郭、咸阳、孔仅外，又有桑弘羊者，以计算用事。宏羊本洛阳贾人子，工心计，年十三为侍中，后为治粟都尉领大司农，代孔仅斡天下盐铁，宏羊以诸官各自市相争物以故腾跃，而天下赋输或不偿其僦费，乃请置大农部丞数十人，分郡主郡国，置均输盐铁官，令远方各以其物，如异时商贾所转贩者为赋，而相灌输，郡置输官，以掌给运，名曰均输。开委府于京师，都受天下货物，贵即卖之，贱即买之，使富商大贾，无所牟大利，而万物不得腾涌，故曰平准。元封元年，置均输官，各地均输，岁收帛五百万匹，军费所需，悉仰大农，收入甚丰，国用充裕，唯商民颇苦不便耳。

第六款　病商之政

武帝时，令贾人有市籍及家属皆无得名田以便农，一人有市籍，则身及家内皆不得有田，犯令者没入田货，（货指田中所出）农商之分，实自此始。而算缗轺车之法，兴商者益少，病商者多，国用虽赡，而商业不进，盖春秋、战国以来，一大变革矣。桑、孔诸人，皆以商贾致通显，而其立法未尝为商人计，是商贾之为世所贱，乃商人有以自致之，非学士大夫之咎也。汉初商人不得为吏，而商业反兴，武帝时，商贾得仕宦以至于大农丞，而商业反衰，然则商业之盛衰，初不系在上者之贵贱明矣。

第四节　汉代之重要都会

汉代都会，最重要者，为关中及巴蜀。关中故有鄠杜竹林，南山檀柘，号称陆海，为九州膏腴。汉都长安，又常徙高訾富人及豪桀并兼之家于诸陵，故五方杂厝，风俗不纯，其世家则好礼文，富人则商贾为利。巴蜀亦沃野地饶卮，姜丹砂石铜铁竹木之器，南御滇僰，僰僮，西近邛笮笮马旄牛，其民之诣京师者，往往赍刀布蜀物为货，其商业之盛可知矣。次于关中、巴蜀者为三河，昔唐人都河东，殷人都河内，周人都河南，三河在天下之中若鼎足，王者所更居也，建国各数百千岁，土地狭小，民人众多，都国诸侯所聚会，故其俗纤啬习事。杨平、阳陈西贾秦翟，北贾种代；温轵西贾上党，北贾赵中山；洛阳东贾齐、鲁，西贾梁、楚；三河之物产虽不多，亦商业要地也。三河之外，最著之都会凡八；一曰邯郸，漳河之间一都会也，北通芜涿，南有郑、卫；二曰燕，勃碣之间一都会也，南通齐、赵，东北边胡；三曰临淄，海岱间一都会也，其俗宽缓阔达而足智，颇有桑麻之业，而无林泽之饶；四曰陶睢阳，鸿沟以东，芒砀以北，一都会也，其俗多君子，好稼穑，虽无山川之饶，能恶衣食，致其蓄藏；五曰宛，南阳一都会也，有海盐之饶，章山之铜，三江、五湖之利；七曰寿春，南楚之都会也，皮革枹木，输会合肥，而寿春取给焉；八曰番禺，扬、越一都会也，珠玑犀玳瑁果布之凑，中国往商贾者，多取富焉。八都会之外，如陈在楚、夏之交，通鱼盐之货，其居民多贾，亦有足称。至楚、越之地，地广人稀，饭稻羹鱼，或火耕而水耨，果蓏蠃蛤，不待贾而足，地势饶食，无饥馑之患，以故呰窳偷生，无积聚而多贫，是故江淮以南，无冻饿之人，亦无千金之家。

第五节　汉代之市制

《盐铁论》曰："自京师东西南北，历山川，经郡国，诸殷富大都，无非街衢互通，商贾之所臻，万物之所殖者。"汉代都市殷盛之状，想必迈越古初。今按《三辅黄图》，长安市有九，各方二百六十六步，六市在道西，三市在道东，凡四里为一市，致九州之人，市楼皆重屋，又曰旗亭，楼在杜门（汉都城凡十二门，杜门者，南出东第一门，）大道南又有当市楼，及令署以察商贾货财买卖贸易之事，三辅都尉掌之。又有直市，为秦文公所造，物无二价，故以直市为名，是汉之市广大于周也，汉东西市各有令长，皆属京兆尹。（见《汉书百官表》）其郡国市制有吏，（《尹翁归传》，大将军霍光秉政，诸霍在平阳，奴客持刀兵入市，斗变，吏不能禁，及翁归为市吏，莫敢犯者，公廉不受馈，百贾畏之）有啬夫，（《何武传》，武弟显家有市籍，租常不入县，数负其课，市啬夫捕辱显家）边界则有军市，（《冯唐传》，魏尚为云中守，军市租尽以给士卒）而外戚豪家得于私邸立市，（《元后传》王根第中立两市）此其制之略可考见者也。（《游侠传》长安炽盛街衢，各有豪侠，禹章在城西柳市，号曰万子夏，又曰酒市，赵君都、贾子光皆长安名豪，是汉时豪侠往往藏身于都市也。）

第六节　汉代之货殖家

汉之货殖家，如秦阳以田农而甲一州；翁伯以贩脂而倾县邑；张氏以卖浆而逾侈；质氏以酒削而鼎食；浊氏以胃脯而连骑；张里以马医而击钟；虽皆循守事业，积累赢利，然未必尽为商人之著者。唯鲁丙氏、齐刁间、周师史等，与秦之卓氏、程郑、孔氏等抗衡。丙氏以铁冶起，富至钜万，然家自父兄子弟约，俯有拾，仰有取，贳贷行贾遍郡国，是丙氏以勤著也。齐俗贱奴虏，而刁间独爱贵之，桀黠奴人之所患，唯刁间收取，使之逐鱼盐商贾之利，或连车骑，交守相，然愈益任之，终得其力，起数千万，是刁氏以众胜也。周人既奸，而师史尤甚，转毂百数，贾郡国无所不至，雒阳街居在齐、秦、楚、赵之中，富家相矜以久贾，过邑不入门，设任此等，故师史能致七千万，是师史以久成也。三氏之外，又有任氏及毋盐氏，以居积著，秦之败也，豪杰争取金玉，任氏独窖仓粟，楚、汉相距荥阳，民不得耕种，米石至万，而豪杰金玉，尽归任氏，任氏以此致富。吴、楚兵起，时长安中列侯封君，行从军旅，赍贷子钱，子钱家以为侯邑国在关东、关东成败未决，莫肯予，唯毋盐氏出捐千金贷其息十之，三月，吴、楚平，一岁之中，则毋盐氏息十倍，用此富埒关中，稽其历史，皆卓然可传。

降及成、哀之时，长安王君房卖丹，樊少翁王孙大卿卖鼓，均能高赀，累钜万；临淄姓伟，杜陵樊嘉赀各五十万；雒阳张长叔、薛子仲赀各十千万，其姓氏虽传，惜未能得其事实耳！

第七节　汉代以商业拓地

汉代商贾，以蜀人所至为最远，其时兵事往往因商贾而肇衅。建元中番阳令唐蒙使南越，南越食蒙枸酱，蒙问所从来，曰：道西北牂牁江，牂牁江广数里，出番禺城下，蒙归，问蜀贾人，贾人曰，独蜀出枸酱，多持窃，出市夜郎，夜郎故役属于南越，蒙乃上书请通夜郎，道浮船牂牁江，出不意，击南越，故汉之通夜郎，实起于贾人之售枸酱。又元狩元年，博望侯张骞使大夏，来言居大夏时，见市布邛竹杖，使问所从来，曰：从东南身毒国，可数千里，得蜀贾人市，骞因盛言大夏在汉西南，慕中国，患匈奴隔其道，诚通蜀身毒国道，便近有利无害，于是天子乃使使出西夷，求通身毒国，而得滇国，置益州郡，是汉之得滇，亦因贾人之售布杖。是汉代之拓地，其动机多由于商业也。

第八节　西域之通商

西域之交通于中国，实自汉武帝时代始。武帝因匈奴常寇边陲，谋结合乌孙、大月氏诸国与之抗，乃于建元二年命张骞率百余人出使西域，骞率百余人由长安出发，道出陇西，经匈奴，为所捕获，抑留十余年，乃得乘隙脱逃，西走至大宛，动以财物之利，乃由大宛遣至康居，更由康居以达大月氏。时大月氏王已为胡所杀，立其夫人为王，已臣大夏而君之，骞从月氏至大夏，竟不得要领，留岁余还，是为汉初开通西域之大概情形。骞通西域后，武帝以诸国贵汉财物，颇欲诱令入朝，以为外臣，乃于元狩元年又使骞往西域，骞即分遣副使使大宛、康居、月氏、大夏、乌孙诸国，于是西域诸国始通于汉。

第九节　王莽之改制

第一款　限制民田

汉至哀、平之时、百姓赀富，不及文、景，而天下户口最盛，此正民有余而食不足之时也，蹈常袭故，犹虑其生计之日窘，况又加以变革，限制其生计乎？史称"王莽因汉承平之业，府得百官之富，天下晏然，莽一朝有之，心意未满，乃分裂州郡，改职作官，更名天下田曰王田，奴婢曰私属；皆不得买卖。其男口不满八，而田过一井者，分余田与九族乡党，犯令法至死，又以边兵二十余万人，仿县官衣食，用度不足，横征苛敛，于是人民贫困，盗贼盛起，谷价翔贵，亡有平岁"。莽之能篡夺汉祚，而不能保有者，其原因实由于此。盖篡夺之事，仅刘氏一姓之祸，至于限制民田，蹙其生计，重以苛敛诸法，使之离散流亡，则其反动之力，必有甚于所受者，此历代末造之通例，不独汉末为然也。

第二款 改革币制

民田限制，商贾犹未受其害，钱币之轻易改变，实足以妨害商贾之生计。莽居摄时，变更汉朝币制，以周制有子母相权，于是更造大钱，径寸二分，重十二铢，文曰大钱五十。又造契刀错刀二品，契刀其环如大钱，身形如刀，长二寸，文曰契刀五百；错刀以黄金，错其文曰一刀直五千，与五铢钱凡四品并行。莽即真，以为书刘字有金刀，乃罢错刀，契刀及五铢钱，而更作金银龟贝钱布之品，名曰宝货。凡宝货五物六名二十八品，钱货六品，小钱值一重一铢，径六分；幺钱值一十，重三铢，径七分；幼钱值二十，重五铢，径八分；中钱值三十，重七铢，径九分；壮钱值四十，重九铢，径一寸；大钱值五十，重十二铢，径寸二分。金货一品，黄金一斤值钱万，银货二品；朱提银重八两为一流，值一千八百五十，它银一流，值一千。龟实四品，元龟岠冉长尺二寸，值二千一百六十为大贝十朋；两贝为朋，值二百一十六，元龟十朋，值二千一百六十；公龟长九寸，值五百，为壮贝十朋；侯龟长七寸以上，值三百，为幺贝十朋；子龟长五寸以上，值百，为小贝十朋。贝货五品；大贝四寸八分以上二枚为一朋，值二百一十六；壮贝三寸六分以上，二枚为一朋，值五十；幺贝二寸四分以上，二枚为一朋，一朋值三十；小贝寸二分以上，二枚为一朋，值十；漏贝不满寸二分，一枚值钱三，不得为朋。布货十品：大布、次布、弟布、壮布、中布、差布、厚布、幼布、幺布、小布，小布长寸五分，重十五铢，值一百，自小布以上，各相长一分，相重一铢，值各加一百，上至大布，长二寸四分，重一两，值千钱，铸作钱布，皆用铜，淆以连锡，文质周郭，仿汉五铢钱，其金钱与他物杂，色不纯好，龟不盈五寸，贝不盈六分，皆不得为宝货。元龟为蔡，非四民所得居，有者入大卜，受直，百姓愦乱，其货不得：民私以五铢钱市贾，莽患之，诏敢非井田及挟五铢钱者，为惑众，投诸四裔，以御魑魅，于是农商失业，食货俱废，民多涕泣于市道，莽不得已乃但行小钱值一，与大钱五十，二品并行。至天凤元年，废大小钱，改作货布，（长二寸五分，广一寸，首长八分有奇，广八分，其圆好径二分半，足枝长八寸，间广二分，其文右曰货，左曰布，重二十五铢，值货泉二十五，）与货泉（径一寸，重五铢，其右曰货，左曰泉，每枝值一）二品并行。其后又以大钱屡行屡废，恐民仍沿用不改，遂令民独行大钱，与新货泉并行，尽六年，毋得复挟大钱矣。每一易钱，民用破业，而大陷刑。夫钱币之用，专取简便，而改革币制，亦宜行之以渐，使旧钱日少，新钱日多，人民习用，不觉其变，始得为之，若以一二人之私意，巧立名称，骤加改变，辄欲以国家权力，强民必从，此岂有当哉？

第三款　五均六筦之法

莽以古代市有五均，乃于长安及五都，立五均官，更名长安东西市令，及洛阳、邯郸、临淄、宛、成都市长，皆为五均，司市称师，东市称畿，洛阳称中，余四都各用东西南北为称，皆置交易丞五人，钱府丞一人，工商能采金银铜连锡登龟取贝者，皆自占于司市钱府，顺时气而取之。诸司市常以四时中月，实定所掌，为物上中下之贾，众民咒卖五谷布帛丝之物，周于民用而不雠者，均官以本贾取之，毋令折钱，万物卬贵，过平一钱，则以平贾卖与民，其贾氏贱减平者，听民自相与市。其六筦之法，（莽传作六筦，《食货志》作六斡，斡即筦也）曰：盐酒铁布铜冶六者，非编户齐民所能家作，必卬于市，虽贵数倍，不得不买。再一筦为设科条防禁，犯者罪至死，遂致奸吏猾民并侵，众庶各不安生矣。

第四款　莽之重商

莽之新制，虽多妨害商人之事，然未尝不重商贾，督五均六筦，郡有数人，皆用富贾，以洛阳张长叔薛子仲与临淄、姓伟等诸大商，求利交错天下，是当时富商大贾，亦有以资望得高位擅大权者。又莽制民欲贷财治产业者，命钱府均授之，除其费，计所得受息毋过岁什一，盖仿《周官》泉府之制，其用意不可谓不善。他如商贩贾人，坐市列里，区谒舍，皆各自占所为于其所在之县官，除其本，计其利，十一分之，而以其一为贡，敢不自占，自占不以实者，尽没所得。其法虽近于扰民，然实与近世各国营业税之制相合，亦未可以厚非也。

第二章　东汉之商业

第一节　东汉商人之状况

新莽之末，天下大乱，群雄竞起，商业因以不振，而鬻财转货者，犹往往以之自立，如第五伦之贩盐，（《本传》王莽末，将家属客河东，变名姓，自称王伯齐，载盐往来太原、上党间，所过辄为粪除而去，）樊重之货殖（楚宏传，父重字君云，善农稼，好货殖，其营理产业，物无所弃，课役童隶，各得其宜，故能上下勠力，财利数倍，《东观汉记》曰"樊重治家产业起治庐舍，闭门成市"。）均著称于史册，故光武定鼎之后，商业之繁盛，仍不下于西汉。王符《潜夫论》曰"今举俗舍本农而趋商贾，牛马车舆，填塞道路，游手为巧，充盈都邑"。仲长统《昌言》曰"豪人之室，连栋数百，膏田满野，奴婢千群，徒附万计，船车贾贩，周于西方，废居积贮，满于都城"。其言虽或过当，然亦可以推见后汉商业之繁荣矣。

第二节　限制商人之议

光武初年，桓谭为议郎给事中，上疏陈时政所宜，有曰"夫理国之道，举本业而抑末利，是以先帝禁人二业，锢商贾，不得仕宦为吏，此所以抑兼并长廉耻也，今富商大贾，多放钱货，中家子弟，为之保役，趋走与民仆等勤，收税与封君比入，是以众人慕效，不耕而食，至乃多通侈靡，以淫耳目，今可诸商贾自相纠告，若非身力所得，皆以藏畀告者，如此则专役一己，不敢以货与人，事寡力弱，必归功田亩，田亩备则谷入多，而地力尽矣"。其议不果行，盖商业繁盛之际，欲挽之使归农亩，殊非易事也。

第三节　官吏之为商

汉代官吏，恒以私财经商（《黄禹传》尝上言："欲令近臣自诸曹侍中以上，家无得私贩卖，与民争利，贩者辄免官削爵，不得仕宦"）而学者亦善于为商（《三辅黄图》曰："元始四年起会市，诸生朔望会此市，各持其郡所出货物，及经书传记磬笙器物，相与买卖，雍容揖让，或论议槐下。"）故东汉犹沿此风，宋宏不与民争利,即相传为盛德。(《东观汉记》曰"司空宋宏,尝受俸得盐鼓千斛,遣诸生粜之,盐贱诸生不粜,宏怒便遣及其贱,悉粜卖,不与民争利。")其时官吏与民争利,可想而知,世祖怜刘盆子因疾失明,赐均输官地,以为列肆,使食税终其身,则又出自特恩,与以私财经商者有别。至后汉之末,风俗渐变,士大夫以牟利为耻,崔实酤酿贩鬻,即见讥于时(实免官归,剽卖田宅,以酤酿贩鬻为业,时人多以此讥之,实终不改,亦取足而已,不取盈余),此亦可见一代俗尚之不同也。

第四节　商业繁盛之地

《后汉书·孔奋传》称"奋于建武中守姑臧长,时天下扰乱,唯河西独安,而姑臧称为富邑通货羌胡,市日四合,每居县者,不盈数月,辄至丰积,时姑臧以羌胡通商而著也。"又《贾琮传》称"交趾土多珍产,明玑翠羽,犀象玳瑁,异香美木之属,莫不自出"。《朱晖传》"尚书张林,请因交趾、益州上计吏,往来市珍宝,收采其利",是交趾以土产富饶而著也。又《郑宏传》,旧交趾七郡,贡献转运,皆从东冶泛海而至,风波艰阻,沈溺相系,宏奏开零陵、桂阳峤道,于是而后,交趾货物流衍中土,良由交通之道,便于前汉之故,此治商业史者所当注意者也。

第五节　东汉之盐铁政策

西汉武帝之时，盐铁均由官专卖，盐铁不良，而价复贵。东汉光武除专卖之法，弛私煮之禁，唯征税以佐国用，郡县出盐多者，置盐官，主收盐税，铁多者，置铁官，主鼓铸。明帝时，虽改由官鬻盐，而铁仍听民鼓铸，以征其税。和帝即位，又罢盐铁之禁，纵民煮铸，而由县官征收其税。东汉之盐铁事业，大体上系由民私营也。

第六节　货币之制度

东汉之初，光武复铸五铢钱，天下以为便。章帝时议复大钱，论者欲以布帛代钱，封钱勿出，和帝时，并有请改铸大钱者，均未能见诸事实。至灵帝中平三年，铸四出文钱。据《张让传》载"又铸四出文钱，钱皆四道，识者窃言，侈虐已甚，形象兆见，此钱成，必四道而出。及京师大乱，钱果流布四海。"献帝初平中，董卓乃更铸小钱，由是货轻而物贵、谷一斛至钱数百万，至魏武为相，于是罢之，还用五铢。

第七节　通商之概况

东汉之世，北与鲜卑互市，（鲜卑隔在漠北，犬羊为群，无君长之帅，庐落之居；而天性贪暴，不拘信义，数犯障塞，且无宁岁，唯至互市，乃来靡服。）东与岛夷通商，（《东夷列传》，夷洲及澶洲世世相承，有数万家人民，时至会稽市）南接蛮辽（太平寰宇记，左洲晋城系蛮渠岁时于石溪口通商，有马会。说文曰，马会，今之獠市。）西通大秦，（《西域传》同时大秦王常欲通使于汉，而安息欲以汉缯彩与之交市，故遮阂不得自达。和帝永和元年，班超遣甘英使大秦，抵大秦、条支临大海欲渡，而安息西界船人谓英曰"海水广大，往来者逢善风三月乃得渡，若遇迟风，亦有二岁者，故入海者，皆赍三岁粮以行，海中善使人思土恋慕，数有死亡者。"英闻之，乃止。）至桓帝延熹九年，大秦王安敦遣使自日南徼外献象牙犀角玳瑁，（按大秦即东罗马帝国，汉人所以名其国为大秦者，因其人民长大平正，有类于吾。）此时中国与大秦始得举行直接交易。至于两国交易之商品，由中国输出于罗马者以生丝缯绢之属为大宗，而由罗马输入于中国者，以珠玉香料等类为大宗。东汉商业所及之地域，较之西汉更为广远，而其时之商人，既善经商，复能尚武，永元六年秋，班超发龟兹鄯善等八国兵，合七万人，及吏士贾客千四百人，讨焉耆，是其时在西域之贾客，能随班超入伍，与今之西人商于中国，练为商团者无异也。

第三章　三国之商业

第一节　三国立国之本

汉末大乱，年饥物贵，谷一斛五十余万钱，人民生计之困，殆无以复加，而其后三国鼎立，各保疆宇，转饷治兵，概能支持不匮者，则以立国各有根本，割据之初，无不先筹经济，故能裕国而赡军也。《魏志》称"羽林监颍川枣祗建议屯田，太祖以任峻为典农中郎将，募百姓屯田许下，得谷百万斛，郡国列置田官，数年之中，所在积粟，仓廪皆满，军国之饶，起于枣祗，而成于峻。"是魏以农业立国也。又《卫觊传》"觊与荀彧书称关中膏腴之地，顷遭荒乱，人民流入荆州者十余万，宜如旧置使者，监卖盐，以其直益市犁牛，若有归民，以供给之，勤耕积粟，以丰殖关中，远民闻之，必日夜竞还，太祖从之，遂遣谒者仆射监盐官"。又《徐邈传》"邈为凉州刺史，领护羌校尉，河右少雨，常苦乏谷，邈上修武威酒泉盐池，以收虏谷，又广开水田，募贫民佃之，家家丰足，仓廪盈溢，乃支度州界军用之余，以市金帛犬马，通供中国之费"。是魏之国力，兼足谷运盐二者而后盛也。蜀先主之初起也，得富商之力为多，《蜀志先主传》"中山大商张世平苏双等赀累千金，贩马周旋于涿郡，见而异之，乃多与之金财，先主由是得用合徒众"。《糜竺传》"祖世货殖，僮客万人，赀产钜亿，竺进妹与先主为夫人，奴客二千，金银货币，以助军资"。又既定蜀，蜀富足，时俗侈奢，货殖之家，侯服玉食。先主又置司盐校尉较盐铁之利；利入甚多，有裨国用，而西南边徼金银犀革盐铁之利，复多输入，此蜀之所以兴也。吴自孙坚时即以商旅为兵，《吴志·孙坚传》"坚为朱儁佐军司马，乡里少年，随在下邳者，皆愿从坚，又募诸商旅，及淮泗精兵合千许人"。观三国诸帝所经营，即可见其时国家之财政与人民之生计；世之读史者，徒震于三国之时，勇将如云，谋臣如雨，而不知其命脉之所系而发明之，此史学之所以晦也。

第二节　三国之通商

汉室衰微，群雄割据，酿成三国鼎立之局，在政治上虽此疆彼界，互相敌视，足以阻碍商业之发展；然商旅之往来，未加禁阻，贸易之事，亦多见于史册。史称"魏使至吴，以马易珠玑翡翠玳瑁"。《丹阳记》谓"江东历代尚未有锦，而成都独称妙"。故三国魏则市于蜀，而吴亦资西道，凡此诸端，实为蜀、魏、吴三国通商之明证。

第三节　蜀之商业

史称"蜀先主取蜀,以蜀中金银,分赐将士,而还其谷帛,又立官市以平物价,数月之间,府库充实"。左思《蜀都赋》谓"百室离房,机杼相和,贝锦斐成,濯色江波,黄润比筒,籝金所过"。足见成都丝织业之盛。大秦商贾之来亚洲者,除在交趾互市外,复经水道至益州、永昌(今云南保山县一带),大秦常利得中国丝,解以为胡绫,按永昌属蜀,大秦货物之入永昌者,必与蜀市,是蜀与大秦有贸易上之关系矣。

第四节　魏之商业

魏之商业上地利,虽不若吴、蜀,然观左思《魏都赋》,其经济上之繁荣,可以想见。至与外夷交易,亦有可观。鲜卑酋长曾至魏贡献,并求通市,曹操表之为王。鲜卑之人尝诣并州互市;日本亦尝入贡于魏。明帝时,司马芝为大司农,以诸典农各部吏民,末作治生以要利,入上奏曰"王者之治,崇本抑末,务农重谷,方今二虏未灭,师旅不息,国家之要,唯在谷帛,武皇帝特开屯田之官，专以农桑为业，建安中天下仓廪充实，百姓殷足，自黄初以来，听诸典农治生，各为部下之计，诚非国家大体所宜也，臣愚以为不宜复以商事杂乱，专以农桑为务，于国计为便"。明帝从之。夫吏民趣重商业，宜与农业并重，而芝但知务农，而不知奖励商业，此魏之所以衰也。

第五节　吴之商业

吴握有扬子江流域，商业上地位优越，长江一带，帆樯如织，荆州，北据汉沔，东连吴会，西通巴蜀，南尽南海，交通便利，商贾辐辏，江流所贯，汇为富源，至与外夷交易，史乘亦有可稽，《吴志·孙权传》黄龙三年，遣将军卫温、诸葛直将甲士万人，浮海求夷洲、亶洲，亶洲在海中，世相承有数万家，其上人民，时至会稽货布，会稽东县人海行，亦有遭风至亶洲者，所在绝远，不可得至；但得夷洲数千人还。《梁书·诸夷传》"孙权黄武五年，大秦贾人字秦伦来交趾，太守吴邈遣使诣权，权差吏会稽刘咸送伦，咸于道物故，伦乃迳还本国"。

吴之末造，虐民病商，孙皓爱妾，使人至市劫夺百姓财物，司市中郎将陈声素皓幸臣也，恃皓龙遇，绳之以法，妾以诉皓，皓大怒，假他事烧锯断声头。吴末边境互市诸将，亦以袭夺为功，《晋书·周浚传》"初吴之未平也，浚在七阳，南北为互市，而诸将多相袭夺以为功，吴将蔡敏守于沔中，其兄珪为将，在秣陵与敏书曰：古者兵交，使在其间，军国固当举信义以相高，而闻疆场之上，往往有袭夺互市，甚不可行，弟慎勿为小利而忘大备也。候者得珪书以呈浚，浚曰，君子也"。吴之风俗奢侈，以商为最，华核尝上疏教孙皓曰："今事多而役繁，民贫而俗奢，百工作无用之器，妇夫为绮靡之饰，不勤麻枲，而绣文黼黻，转相仿效，耻独无有，兵民之家，犹复逐俗，内无担石之储，而出有绫绮之服，至于富贾商贩之家，重以金银，奢侈尤甚。"后世吴中商贾，奢侈绮靡，甲于他省，观核此疏，可知其由来者久矣。

第六节　三国时币制

　　刘备在益州铸直百五铢，径一寸一分，重八铢，又铸传形五铢，五字居左，铢字居右，仿传形半两为之。孙权嘉禾五年，铸大钱一当五百，诏使吏民输铜，计铜畀值，设盗铸之科。赤乌元年，铸一当千大钱，径一寸四分，重十六铢。至赤乌九年，孙权以民多不以大钱为便，乃下诏罢之。魏文帝黄初二年，罢五铢钱，使民以谷帛为市，明帝时复行五铢钱。三国之时，金属货币，不甚通行，而谷帛之属，亦遂取得货币资格，其原因有二：一则恶钱之滥铸，如董卓之小钱，蜀、吴之大钱，使钱币本身之价值惨落；一则由初期大乱中，产业窳败，金属货币，大失其交换效用，人民遂有贱金钱贵实物之心理也。

第四章　两晋及南朝之商业

第一节　两晋商业之概况

晋代统一中国，商业复兴，但历时未久，便为五胡所扰乱，中原沦没，商业中衰，但长江流域，渐成富庶之区，盖自孙氏据有江东以来，长江流域，已有日趋繁荣之势，及晋室南渡，中原赀财，大半随之南迁，经济中心，亦由北而移于南，故三国、两晋之时，实为我国南北经济消长之一大关键。晋武帝时齐王攸奏疏，谓"都邑之内，游食滋多，巧伎末作，服饰奢丽，富人兼美，犹有魏之遗弊，染化日深，靡财害谷，动以万计"。观此晋代国内商业之盛，可想而知。至国外贸易，亦略见端倪，如日本、大宛、康居等国，皆曾来贡献，《晋书》称"大宛善市贾，争分铢之利，得中国金银，辄为器物不为币"。

第二节　风俗之贪鄙

　　晋元康之后，纲纪大坏，鲁褒伤时之贪鄙，乃隐姓名而著《钱神论》以刺之曰："钱之为体，有乾坤之象，内则其方，外则其圆，其积如山，其流如川，故能长久，为世神宝，亲之如兄，字曰孔方，失之则贫弱，得之则富昌，解严毅之颜，发难开之口，钱多者处前，钱少者居后，处前者为君长，在后者为臣仆，君长者丰衍而有余，臣仆者穷竭而不足。钱之为言泉也，无远不往，无幽不至，京邑衣冠，疲劳讲肆，厌闻清谈，对之睡寐，见我家兄，莫不惊视。钱之所祐，吉无不利，何必读书，然后富贵，是故忿争非钱不胜，幽滞非钱不拔，怨雠非钱不解，令问非钱不发，洛中朱衣，当途之士，爱我家兄，皆无已已，执我之手，抱我终始，不计优劣，不问年纪，宾客辐辏，门常如市，谚曰，钱无耳，可使鬼，凡今之人，唯钱而已。"当时社会状况，具见此论。沿及南朝，风气卒未稍变，梁武弟临川王宏性爱钱，百万一聚，黄榜标之，千万一库，悬一紫标，如此三十余间，计见钱三亿余万，余屋贮布绢丝绵漆蜜纻蜡朱砂黄屑杂货，但见满库，不知多少，豫章王综遂仿《钱神论》，作《钱愚论》以讥之，（见《南史》）其文虽不传，而大旨亦可以想见矣。

第三节　帝王之好为商贾

两晋、南朝之人,因贪成鄙,成为风气,以帝王之尊,尚乐效商贾贩鬻之事。晋愍怀太子遹于宫中为市,使人屠酤,手揣斤两,轻重不差。会稽王道子使宫人为酒肆,酤贾于水侧,与亲昵乘船就之,饮宴以为笑乐。后宋废帝昱,喜入市里,晨夕驰逐,凡诸鄙事,过目则能,锻炼金银,裁衣作帽,莫不精绝。《宋书》齐东昏侯起芳乐苑,于苑中立市,使宫人屠酤,贵妃潘氏为市令,帝为市魁,执罚,争者就潘氏判决,又开渠立埭,躬自引船,埭上设店,坐而屠肉等事,皆可骇怪。幼主恒于华林园,立贫穷村舍,帝日弊衣为乞食儿,又为穷儿之市,躬自交易,亦染南朝之习。此必当时市井驵侩,乐易优游,较之帝王反有过之,故生长王室者,甘于效此贱役也。帝王之心理如此,故臣僚之习俗亦然。王戎性好兴利,广收八方园田水碓,周遍天下,积实聚钱,不知纪极,每自执牙筹,画夜计算,恒若不足。家有好李,常出货之,恐人得种,恒钻其核。刘胤领江州刺史,纵酒耽乐,不恤政事,大殖财货,商贩百万。邓琬性鄙暗,贪吝过甚,财货酒食,皆身自量校,使婢仆出市贩卖,亦可见上下相效之风矣。当时风气之坏,不止于好为商贩,如晋石崇为荆州刺史,劫远使商客,致富不赀。宋、元徽中张兴世为雍州刺史,还家拥资三千万,苍梧王自领人劫之,一夜垂尽,则又行同寇盗矣。

第四节　梁益交广诸州之富

两晋、南朝各地富庶之状，史不多见，唯自史传所述官吏贪廉之迹觇之，犹可得其梗概，南史称宋刘秀之，当孝武时，都督梁、南秦二州，后迁益州刺史，折留俸禄二百八十七万，付梁州镇库，此外萧然。梁、益丰富，前后刺史，莫不大营聚畜，多者致万金，所携宾僚，并都下贫子，出为郡县，皆以苟得自得自资，秀之为政整肃，远近悦焉，是梁、益丰富之实状也。又孝武帝以垣闳为交州刺史时，交土金实，闳罢还，资财钜万，明帝初，以为益州刺史，蜀还之赀亦数千金，明帝诏狱官留闳，于是悉送资财，然后被遣，凡蛮夷不受鞭罚，输财赎罪谓之赕，时人谓闳被赕刺史，是交州丰富之实状也。又王琨于宋孝建中都督广州，南土沃实，在任者常致巨富，世云，广州刺史，但经城门一过，便得三千万。又梁萧励为广州刺史，广州边海旧饶，外国舶至，多为刺史所侵，每年舶至不过三数，及励至，纤毫不犯，岁二余至，励数献军国所需，相继不绝，武帝叹曰："朝廷便是更有广州。"是广州丰富之实状也。又如梁、武陵王、纪都督益州，在蜀十七年，南开宁州、越巂，西通资陵、吐谷浑，内修耕桑盐铁之功，外通商贾远方之利，故能殖其财用，器马殷积，黄金一斤为饼，百饼为簏，至有百簏，银五倍之，其他锦罽缯采积是，又得贾胡，为主金帛。（《北史何妥传》父细脚胡，通商入蜀，遂家郫县，事梁武陵王纪，主知金帛，因致巨富，号为西州大贾）是各州之富，大抵由于通商也。

第五节　市津之制

　　魏、晋大都会之市，有市长，有市丞。洛阳有三市：金市在大城西，南市在大城南，马市在大城东。建业有四市：大市、东市，孙权所建，北市，孙休所立，斗扬市，晋安帝时始有。晋自过江，凡货卖牛马田宅，有文券，率钱一万，输价四百入官，卖者三百，买者一百，无文券者，随物所堪，亦百分收四，名为散估，历宋、齐、梁、陈如此以为常，盖以人竞商贩，不为田业，故使均输，欲为惩励，虽以此为辞，其实利在侵削。又都西有石头津，东有方山津，各置津主一人，贼曹一人，直水一人，以检察禁物及亡叛者。其荻炭鱼薪之类，过津者并十分税一以入官，其东路无禁货，故方山津检察甚简，淮水北有大市百余，小市十余所，大市备置官司，税敛既重，时甚苦之。

第六节　逆旅与商贾之关系

《晋书》潘岳传：岳为怀令时，以逆旅逐末废农，奸淫亡命，多所依凑，败乱法度，勒当除之，十里一官吏，使老小贫户守之，又差吏掌主，依客舍收钱。岳议曰："谨按逆旅，久矣其所由来也，行者赖以顿止，居者薄收其直，交易贸迁，各得其所，魏武皇帝亦以为宜，其诗曰逆旅整设，以通商贾，方今四海会同，九服纳贡，八方翼翼，公私满路，近畿辐辏，官舍亦稠，冬有温庐，夏有凉荫，㠯秼成行，器用取给，宜率历代之旧俗，获行留之欢心。"议上，朝廷从之，是当时商贾多寄宿于客舍也。然以岳议考之，近畿客舍，稠于他处，则外郡旅逆，盖犹未广。《齐书》称范云为始兴内史，入境抚以恩德，罢云亭候，商贾露宿，虽以明政绩之美，亦可见旅舍之少矣。又旅舍客商，藏垢纳污，亦有可禁之道，书称周文育从南海至大庾岭，宿于旅逆，有贾人求与文育博，文育胜之，得银二千两，是其时逆旅有财博之风也。降及隋世，逆旅益多，虽议撤毁，复不果行，盖习俗之深，不易改革也。《北史·李谔传》开皇中，邳公苏威以临道店否，乃求利之徒，事业污杂，非敦本之义，遂奏约遣归农，有愿依旧者，在所州县录附市籍，仍撤毁旧居，并令远道，限以时日，时逢冬令，莫敢陈诉，谔因别使，见其如此，以农工有业，各附所安，逆旅之与旗亭，自古非同一辙，即附市籍，于理不可，且行旅之所依托，岂容一朝而废，徒为扰劳，于事非宜，遂专决之，并令依旧。

第七节　币制之紊乱

晋武伐魏欲平一江表，以谷贱而布贵，议立平籴，法用布帛市谷，以为量储，事未能行。元帝过江，杂用孙氏旧钱，安帝、元兴中，桓元辅政，欲废钱用谷帛，孔琳议斥之，然晋时各地以谷物交易者，实皆各守其习俗，不尽用钱也。武帝铸五铢钱，后又罢之，铸铁钱，人以铁钱易得，皆私铸。大同以后，所在铁钱，遂如丘山，物价腾贵，交易者以车载钱，不复计数，而为论贯，商旅奸诈，因之以求利。自破岭以东，八十为百，名曰东钱，江郢以上，七十为百，名曰西钱，京师以九十为百，名曰长钱。大同元年，下通用足百之诏，迄无效果，钱百益少，至于末年，遂以三十五为百。陈承梁丧乱之后，兼以粟帛为货，后始改用五铢，而岭南诸州，多以盐米布交易，俱不用钱，此南朝钱物交易之大略也。

第八节　释教与商业之关系

东汉以后，释教大兴，东西交通频繁，而商业亦因之而盛。晋京师道场寺佛陀跋陀罗本居北天竺，舍众辞师，裹粮东游，步骤三载，路经六国，始至交趾，乃附舶循海而行，至青州、东莱郡，后西适江陵，复遇外国舶主。宋京师祇洹寺求那跋摩本在罽宾国，随商人竺难提舶欲向一小国，会值便风，遂至广州。又齐建康正观寺求那毗地本中天竺人，为人弘厚，万里归集，南海商人，咸宗事之。总观诸传，是南朝之异域僧徒，大抵随附商舶，茬我海疆，或转徙内地，或寄居南服，而宗教之力，足以鼓动商贾，此前代所未有也。又宋僧法显留中天竺三年，学梵语梵书，持经像寄附商舶，到师子国，停二年，附商人大舶，循海而还，经十余日，达耶婆提国，停五月，后随他商，东适广州，举帆二十余日，任风随流，遂至青州、长广郡、牢山南岸，是中土释子，周流异域，亦系商贾交通，始得遂其宏教之愿也。

第九节　海南诸国之通商

六朝时南服诸国，与中国交通最盛者，为林邑、扶南二国，林邑本汉日南郡象林县，古越裳之界也，其国有金山，石皆赤色，其中生金，又出玳瑁、贝齿、吉贝、沉木香。吉贝者，树名也，其华成时，如鹅毳，纺之可作布，洁白与纻布不殊，亦染成五色，织为斑布也。汉末大乱，林邑始自立，其王姓范，晋建兴中奴文篡立，文故日南夷帅范稚家奴，数商贾，见上国制度，教林邑王范逸，起城池，作宫室，及兵车器械，王宠任之，逸死，文遂自立，宋元嘉中，交州刺史檀和之伐之，破其北界，得黄金数十万斤，余物称是。扶南在林邑西南，出金、银、铜、锡、沉木香、象牙、孔翠五色鹦鹉，其南界三千余里，有顿逊国，在海崎上，地方千里，东界交州，西界接天竺、安息徼外诸国，往还交市，其市东西交会，日有万余人，珍物宝货，无所不有。宋末扶南王姓侨陈如名阇耶跋摩遣南货至广州，遭风至林邑，掠其货物。永明二年，阇耶跋摩复遣使上表，梁时数遣使献方物，其人黠惠知巧，货易金银彩帛，如中国人云。

第五章　北朝之商业

第一节　晋代北方之情形

　　五胡之乱，中夏分裂，迄于隋、唐，南北始一，故北朝之史，当托始于晋代。五胡之最盛者，首石氏，次苻氏。石虎之都邺也，宫室衣服，穷极壮丽，中尚有织锦署，其锦之类别，有大高登、小高登、大光明、小光明、大博山、小博山、大茱萸、小茱萸、大交龙、小交龙、蒲桃文锦、斑文锦、凤凰朱雀锦、韬文锦、桃核文锦，或青绨、或白绨、或黄绨、或绿绨、或紫绨、或蜀绨，工巧百数，不可尽名，可见当时工巧之盛。苻坚盛时，王猛执政，整齐风俗，政理称举，关陇清晏，百姓丰乐，自长安至于诸州，皆夹道树槐柳，二十里一亭，四十里一驿，旅行者取给于途，工商贸迁于道，则商业之兴，亦可想见，惜皆不能久享其国，故工商之业，亦盛衰不恒耳。

第二节　后魏商业之繁荣

魏利游牧，工商诸业，史不多称。孝文南迁，始尚文治，洛阳市里，蔚然可观。洛阳城西有四门，南头第一门曰西明门，次北曰西阳门，出西阳门外四里，御道南，有洛阳大市，周回八里，市东有通商、达货二里，里民尽皆工巧，以屠贩为生，资财巨万，有刘宝者，最为富室。州郡都会之处，皆立一宅，宅各养马十匹，至于盐粟贵贱，市价高下，所在一例，舟车所通，人迹所履，莫不商贩焉，是以海内之货，咸萃其庭，产匹铜山，家藏金穴，宅宇逾制，楼观出云，车马服饰，拟于王者。市南有调音、乐肆二里，里内之人，丝竹讴歌，天下妙伎出焉。市西有延酤治觞二里，里内之人，多酿酒为业，河东人刘白堕，善酿酒，季夏盛暑，以罂贮酒，暴日中一旬，酒味不动，饮之香美，醉而经月不醒，京师朝贵出郡登藩，远相馈饷，逾以千里，以其远至，号曰鹤觞。市北慈孝、奉终二里，里民以卖棺椁，赁辒车为业。别有准财、金肆二里，富人在焉。凡此十里，多居工商货殖之民，千金比屋，层楼对出，重门启扇，阁道交通，迭相临望，金银缇绣，奴婢裳衣，五味八珍，仆隶盈门，神龟年中，以工商上僭，议不听衣金银缇绣，虽立此制，竟不施行，由此观之，魏之商业，亦可谓之盛矣。

第三节　异国馆里

伊、洛之间,夹御道有四夷馆,道东西馆,一名金陵,二名燕然,三名扶桑,四名崦嵫。道西四馆,一曰归正,二曰归德,三曰慕化,四曰慕义。吴人投国者处金陵馆、归正里,北夷来附者处燕然馆,三年以后,赐宅归德里;东夷来附者,处扶桑馆,赐宅慕化里;西夷来附者处崦嵫馆,赐宅慕义里。自葱岭以西至于大秦,百国千城,莫不款附,商胡贩客,日奔塞下,乐中国土风,因而宅者,不可胜数,是以附化之民,万有余家,门巷修整,阊阖增列,青槐荫陌,绿柳垂庭,天下难得之货,咸悉在焉。别立市于洛水南,号四通市。伊洛之鱼,夕于此卖,士庶需脍,皆诣取之,此则大市之外,又有诸国旅客市易之所,规模之宏丽,当亦不亚于大市也。

第四节　南北互市

北朝都市,虽极壮阔,然其商业,疑尚不逮南朝,故于聘问之时,多有随使臣市易者。《北史·崔暹传》:魏、梁通和,要贵皆遣人随聘使交易,暹唯寄求佛经,梁武闻之,缮写以蟠花宝盖,赞吹送至馆焉。又《王昕传》，元象元年，昕聘梁，魏收为副使还，高隆之求货不得，讽宪台，劾昕、收在江东大将商人市易，又《李绘传》，武定初，兼散骑常侍，为聘梁使，前后行人，皆通启求市，绘独守清尚，梁人重其廉洁。又《魏收传》，武定二年，以托附陈使封孝琰，牒令其门客与行，过昆仑舶至，得奇货，果然褥美至盈尺等数十件，罪当流，是当时北使至南，因缘交易，虽缔邦交，实同互市也。又《崔季舒传》乾明初为贲州刺史，坐遣人渡淮平市事，为御史所劾。又袁翻于正始初，除豫州中正，议选戍事曰"比缘边州郡，广开戍逻，多置帅领，或用其左右姻亲，或受人财货请属，皆无防寇御贼之心，唯有通商聚敛之意"。是当时缘边各地镇守官吏，率多和行市易也。节闵帝普泰元年，诏有司不得复称伪梁，罗细作之条，无禁邻国往还，盖节闵以前，两国之人，私相往还，皆谓之细作，为有司所禁，交通商贩，非国家所许明矣。

第五节　北齐北周之风气

北齐之时，商贾干进求利，恒见于史策。《北齐书·后主纪》，称其时诸宫奴婢，阉人，商人，胡户，杂户，歌舞人等，滥得富贵者将万数，《北史·段孝夏传》，齐时为中书监，富商大贾多被铨擢，所进用人士，咸是险纵之流，是齐时商贾有仕宦热中之风也。和士开擅权时，富商大贾，朝夕填门，士开遭母丧，邺中富商丁周、严兴等并为义孝，则齐之商贾，可谓无耻已极矣。北周商业，亦无足称，唯《北史·韩褒传》称褒于大统中都督凉州，羌、胡之俗，轻贫弱，尚豪富，豪富之家，侵渔百姓，同于仆隶，故贫者日削，豪者益富，褒乃悉募贫人以充兵士，优复其家，蠲免徭赋，又调富人财物以赈给之，每西域商货至，又先尽贫者市之，于是贫富渐均焉。

第六节　北朝之钱币

后魏初，铸泰和五铢，与古钱杂用，但京师及诸州，或不用，或止用古钱，新钱不行，以致商货不通，贸易阻滞。后来私铸恶滥，益形薄小，风飘水浮，钱贱物贵，斗米值钱几至一千。旋铸永安五铢，以救其弊，但民间私铸，仍然极多。至北齐时，钱之名目，极为繁琐，私铸亦多，冀州之北，钱皆不行，群以绢布交易。后周初用魏钱，更铸布泉；梁、益杂用古钱交易，而河西诸郡，因接壤异国，乃杂用西域之金银币，而官不禁。圜法之壤，南北朝如出一辙。推原其故，皆由政府以钱币为觅利之方法，其法定价格与实值相差悬殊，高恭所谓徒有五铢之名，而无二铢之实是也。利之所在，人争趋之，政府徒恃严刑峻法而不知根本改革币制，是不啻驱民犯法，此种罔民政策，实乱世之常态，不独南北朝时为然也。

第六章　隋之商业

第一节　炀帝之商政

　　隋文帝统一南北，人物殷阜，朝野欢娱，二十年间，天下无事，则商业之必有起色可知。炀帝嗣立，穷极奢侈，大兴土木，大业末年，群盗四起，市肆萧然，唯迁徙富商及开凿运河事有利于商业。炀帝以长安为西京，而营洛阳为东都，徙天下富商大贾数万家以塞之，户口繁衍，商贾辐辏，洛阳遂为当时唯一之大市场。至邗沟（今江苏江北之运河）、永济渠（今卫河、山东以北之运河）、江南河（今江南自苏州、丹徒县至浙江、杭州之运河）之开通，大为重要，虽一时徭役殷繁，贾怨百姓，然自是南北之商途畅利，遂开后此千百余载之富源，功罪固不可相掩也。

第二节　各地之风俗

《隋书·地理志》所述各地风俗习尚，与商业至有关系。其言曰："京兆为王都所在，俗具五方，人物混淆，华戎杂错，去农从商，争朝夕之利，游手为事，竞锥刀之末；蜀地四塞，山川重阻，水陆所凑，货殖所萃，其人敏慧轻急，溺于逸乐，人多工巧，绫锦雕缕之妙，殆侔于上国；洛阳俗尚商贾，机巧成俗；魏郡、邺都浮巧成俗，雕刻之工，特云精妙，士女被服，咸以奢丽相尚；徐、兖诸郡，贱商贾，务稼穑；丹阳旧京所在，人物本盛，上人率多商贩，君子资于官禄，市廛列肆，埒于二京，京口毗陵吴郡、会稽等郡，川泽沃衍，有海陆之饶，珍果所聚，故商贾并凑；豫章之俗，颇同吴中，衣冠之人，多有数妇，暴面市廛，竞分铢以给其夫；南海、交趾多犀象玳瑁珠玑诸异珍，故商贾至者，多取富焉。"观此，则徐、兖之俗，特贱商贾，而丹阳列郡，较古代为进化，其余皆与《汉志》相仿，虽越千禩，亦无大变也。

第三节　二京之繁盛

隋室统一华夏，二京之盛，大有可称。京师东市曰都会；西市曰利人，东都东市曰丰都，南市曰大同，北市曰通远。其市官曰令，悉隶太府寺。北市北临通济渠，上有通济桥，天下舟船，集于桥东，常万余艘，填满河路，商贾贸易，车马填塞于市，诸番酋长入朝者，尝请入丰都市交易，炀帝许之，先命整饰店肆，檐宇如一，盛设帏帐，珍货充集，人物华盛，卖菜者亦借以龙须席，胡客或过酒食店，悉令邀延就座，醉饱而散，不取其直，绐曰，中国丰饶，酒食例不取直，胡客皆惊叹。其虚张华盛，虽不足据，然一市之饰，咄嗟立办，亦可见其时物力之充矣。

第四节　隋之币制

高祖既受周禅，以天下钱货轻重不等，乃更铸新钱，背面肉好，皆有周郭，文曰五铢，而重如其文，每钱一千，重四斤二两，对于前代古钱及私钱，一律禁止，并有各关口置有新铸五铢钱样，凡商旅往来通过者，所有随带钱货，均经检查，其有不如样者，则由官没收而销毁之，于是钱货统一，百姓交易称便。但自炀帝大业之后，王纲弛紊，遂多私铸，钱转薄恶，最初钱每千犹重二斤，后渐轻至一斤，或剪铁鍱裁皮糊纸以为钱，相杂用之，币贱物贵，以至于亡。

第五节　互市及商路

　　隋世设四方使者各一人，掌其方国及互市事，其属有监置、互市监、参军事等，监置，掌安置其驰马车船，并纠察非违，互市监掌互市，参军事掌出入交易，互市至设专官，可见隋与外国市易，盛于前代。史称炀帝即位，西域诸藩，多至张掖与中国交市，帝令裴矩掌其事，矩撰《西域图记》三卷，入朝奏之，中云："自敦煌至于西海，凡为三道，各有襟带，北道从伊吾经蒲类海、铁勒部、突厥可汗庭度北流河水，至拂菻国，达于西海。中路从高昌、焉耆、龟兹、疏勒度葱岭又经钹汗、苏对、沙那国、康国、曹国、何国、大小安国、穆国至波斯国达于西海。南道从鄯善、于阗、朱俱波喝槃陀度葱岭又经护密吐火罗、挹恒、帆延、漕国至北婆罗门达于西海。其三道诸国，亦各自有路，南北交通。但突厥、吐浑分领羌、胡之国，为其拥遏，朝贡不通，令商人密送诚款，矩之能为此图，皆有富商大贾，周游经涉，故诸国之事，罔不遍知。又《陈棱传》称棱泛海击琉球，琉球人初见船舰，以为商旅，往往诣军贸易，是隋之商贾不但西及绝域，又能东通海国也。然《宇文述传》称化及、士及兄弟遣人入蕃，私为交易，事发当诛，则私通贸易，亦国法之所禁矣。

第七章　唐之商业

第一节　唐代都市

隋室统一，民困苏息，而享祚短促，寻遭变乱，故其实业尚不得为极盛，李唐御宇，祚永国昌，制度文物，上几周、汉，即就其都市观之，已可推见其繁盛之状。唐仍隋旧，以长安为西京，洛阳为东京，两京都市，各设令一人，丞二人，录事一人，府三人，史七人，典事三人，掌固一人，市令掌百族交易之事，丞为之贰。凡建标立候，陈肆办物，以二物平市，（谓秤以格斗以概）以三贾均市，（贾有上中下之差）西京有东西二市，东市即隋之都会，市东西南北各六百步，四面各开二门，定四面街，各广百步，市内货财二百二十行，四面立邸，四方珍奇，皆所积集。西市即隋之利人市，亦方六百步，店肆如东市，浮寄流寓，不可胜计。东京、南京即隋之丰都市，共内一百二十行，三千余肆，四壁四百余店，货贿山积；北市西市制亦相等。又据《旧唐书·地理志》所载：西京有东西两市，都内南北十四街，东四十一街，街分一百八坊，坊之广长皆三百余步；皇城之南大街曰朱雀之街，东五十四坊，万年县领之；西五十四坊，长安县领之。东京之市，京中广长各十街，街分一百三坊，两市各坊广长三百步，此唐代都市制度之概略也。

第二节　唐代市政

唐制五品以上，不得入市。又定诸非州县之所，不得置市。常以午时击鼓二百下，而众大会；日入前七刻击钲二百下散。其州县领务少处，不欲设钲鼓听之。车驾行幸处，即于顿侧立市，官差一人，检校市事，其两京市诸行自有正铺者，不得于铺前更造偏铺。以滥物交易者，没入市；在市及人众中相惊动令扰乱者，杖八十。又定中县户满三千以上，置市令一人，史二人，其不满三千户以上者，并不得置市官，若要路须置，旧来交易繁者，听依三千户法置，此州县市制之概略也。

第三节　关于商事之法律

唐代规定之法律，多为后世所沿用；其定律之关于商事者，亦最为详整，兹分述如下：

校斛斗秤度　诸校斛斗秤度不平，杖七十，监校者不觉，减一等，知情与同罪。

疏议曰："校斛斗秤度，依关市令，每年八月诣太府寺平校，不在京者，诣所在州县官校，并印署，然后听用。其校法杂令，量以北方秬黍，中者容一千二百为龠，十龠为合，十合为升，十升为斗，三斗为大斗一斗，十斗为斛。秤权衡以秬黍，中者百黍之重为铢，二十四铢为两，三两为大两一两，十六两为斤。度以秬黍，中者一黍之广为分，十分为寸，十寸为尺，一尺二寸为大尺一尺，十尺为丈，有校勘不平者，杖七十，监校官司不觉，减校者罪一等，合杖六十，知情与同罪。"

器用绢布行滥　诸造器用之物及绢布之属，有行滥短狭而卖者，各杖六十。

疏议曰："凡造器用之物，及绢布绫绮之属，谓供公私用：行滥谓器用之物，不牢不真；短狭谓绢匹不充四十尺，布端不满五十尺，幅阔不充一尺八寸之属而卖，各杖六十，其行滥之物没官，短狭之物还之。"

市司评物价　诸市司评物价不平者，计所贵贱坐赃论，入己者以盗论，其为罪人评赃不实，致罪有出入者，以入人罪论。

疏议曰："谓公私市易，若官司评物价，或贵或贱，令价不平，计所加减之价，坐赃论。入己者，谓因评物价，令有贵贱，而得财物入己者，以盗论。其为罪人评赃不实，亦谓增减其价，致罪有出入者，假有评盗赃，应直上绢五匹，乃加作绢十匹，应直十匹，减作五匹，是出入半年徒罪，市司还得半年徒坐，故云以出入人罪论。"

私作斛斗秤度　诸私作斛斗秤度不平，而在市执用者，笞五十，因有增减者，计所增减准盗论。

疏议曰："依令斛斗秤度等司，每年量校，印署充用，其有私家自作，致有不平，而在市执用者，笞五十，因有增减赃重者，计所增减准盗论。"

卖买不和较固　诸卖买不和，而较固取者（较谓专略其利，固谓障固其市），及更出入开闭，共限一价（谓卖物以贱为贵，买物以贵为贱），若参市（谓人有所卖买，在旁高下其价，以相惑乱），而规自入者，杖八十，已得赃重者，计利准盗论。

疏议曰："卖物买物人两不和同，而较固者，谓强执其市，不许外人买，故注云较谓专略其利，固谓障固其市。及更出入开闭，谓贩鬻之徒，共为奸计，自卖物者以贱为贵，买人物者以贵为贱，更出开闭之意，其物共限一价，望使前人迷谬，以将入己。参市谓负贩之徒，共相表里，参合贵贱，惑乱外人，故注云：谓人有所卖买，在旁高下其价，以相惑乱，而规卖买之利入己者，并杖八十，已得利物，计赃重于八十者，计利准盗论，谓得三匹一尺以上，合杖九十，是名赃重，其赃既准盗科，即合征还本主。"

买奴婢牛马立券　诸买奴婢马牛驼骡驴，已过价，不立市券，过三日，笞三十，卖者减一等。立券之后，有旧病者，三日内听悔，无病欺者，市如法，违者笞四十，即卖买已讫，而市司不时过券者，一日笞三十，一日加一等，罪止一百。

疏议曰："买奴婢牛马驼骡驴等，依令并立市券，两和市卖，已过价讫，若不立券，过三日，买者笞三十，卖者减一等，若立券之后，有旧疾而买时不知，立券后始知者，三日内听悔，三日外无疾病，故相欺罔而欲悔者，市如法，违者笞四十，若有疾欺不受悔者，亦笞四十，令无私契之文，不准私券之限。卖买奴婢及牛马之类，过价已讫，市司当时不即出券者，一日笞三十，所由官司依公坐节级得罪，其挟私者，以首徒论，一日减一等，罪止一百。"

第四节　唐代各地之商业

唐时都市，虽甚繁盛，然亦有闭境自守，不与他处通商者。《崔俊传》称：湖南旧法，虽丰年贸易不出境，邻部灾荒不恤也；俊为湖南观察使，削其禁，自是商贾流通，货物益饶，是亦可见唐时偏远各地之风气。大抵当时各地货物全恃水运，水道运输不便，则货物之流通亦难，天宝中韦坚为水陆转运使，开运渠以通渭水，因使诸舟各揭其郡名，陈其本土所产宝货诸奇物于枚上，若广陵郡船，即于枚背上堆积广陵所出锦、镜、铜器、海味；丹阳郡船即京口绫衫缎；晋陵郡船即织造官端绫绣；会稽郡船即铜器、罗、吴绫、绛纱；南海郡船即玳瑁、珍珠、象牙、沉香；豫章郡船即名瓷、酒器、茶釜、铛、茶碗；宣城郡船即空青石、纸、笔、黄连；始安郡船即蕉葛、蚺蛇胆、翡翠。船中皆有米，吴郡即三破糯米，万丈绫，如是者凡数十郡，是唐时货物之聚于京邸者，多半借漕船之便，而兼为此举，颇有内国博览会之意，惜其专为媚悦人主而设，非为商工业谋进步也！

第五节　唐代商人之种类

唐代从事商业者,有商贾之别:后者曰坐贾,在市廛内住居,以经营商业;前者曰行商,即致四方之产物,或巡历各地之周市(定期市)以贩卖,或历访各地域之各户以呼卖。巡历商人之内,其最著者有由扬子江沿岸运茶而入北方者;有运淮南之盐米而转卖西北者;闽、粤之行商,有由水道沿印度洋海岸而入波斯湾者,或沿亚剌伯海而入红海湾之阿甸者,更有到当时东西交易之中心师子国(今锡兰);由陆路巡历之商人,则有至亚细亚、天山南路而入波斯、印度者。至呼卖商人则唯有呼卖日常用品之菜蔬水果,以及其他农产而已。商业既盛,商人往来频繁,在商人与货物之聚散地,而邸店(居物之处为邸,沽卖之所为店)生焉。据大历四年之勅令,凡百姓有邸店行铺及炉冶应准式合加本户二等税者,依此税数勘责纳物,可知当时有邸店之税矣。据《旧唐书》所载,市主人弟子各给印子牙子,与今之行纪相似,牙子须执有许可证,与今之牙帖略同。

第六节　唐代官吏之营商

《旧唐书》岭南节度使《王锷传》谓：西南大海中诸国舶至，则尽设其利，由是锷财富于公藏，日发十余艇以犀象珠贝称商货而出诸境，周以岁时，循环不绝，凡八年，京师权门，多富锷之财。又《卢钧传》谓："南海有蛮舶之利，珍货辐辏，旧帅作法兴利以致富，凡为南海者，靡不捆载而还。"此边疆大吏经营商业之实例也。《旧唐书·赵憬传》谓："前后使回纥者多私赍缯絮，蕃中市马，回以规利。又《归崇敬传》，谓故事使新罗者，至海东多有所求，或携资帛而往，贸易货物以为利。"此政府专使经营商业之实例也。

第七节　商业之发达

崔融叙述当时商业之情形，谓："且如天下诸津，舟航所聚，旁通巴汉，前指闽、越，七泽十薮，三江五湖，控引河洛，兼包淮海。弘舸巨舰，千轴万艘，交易往还，昧旦永日。"当时陆路交通，亦甚发达，如《通典》所云：东至宋汴，西至岐州，夹道列店肆，待客酒馔丰溢，每店皆有驴赁客乘，倏忽数十里谓之驿驴。南诣荆襄，北至太原、范阳，西至蜀川、凉府，皆有店肆，以供商旅。商业之发达，更造成都市之繁荣，如扬州地当冲要，多富商大贾，珠翠珍怪之产，江淮之间，广陵大镇，富甲天下，南海郡利兼水陆，瓌宝山积，汴州都会，水陆辐辏，实曰膏腴，其余如益州、瓜州，均成为繁荣之商业都市。

第八节　唐代之重要商埠

唐时之重要商埠，有广州、扬州、泉州各地，而置市舶司者，似仅有广、扬二埠。据九世纪时阿拉伯地理学家伊般哥达比（Ibn Khor-dadbeh）所著之《道程及郡国志》谓："中国当时之通商口岸有四：南曰Lonkin，稍北曰Khanfan，更北Djanfan，最北曰Kanton。"经诸学者及桑原骘藏之考证，断为龙编（安南）、广州、泉州、江都四埠，故其时之通商口岸，有龙、泉、广、扬数地，毫无疑义。

一广州　广州在历史上，久为西南洋诸国贸易之地，故唐代时为国际商业之重要地点，乃必然之事实。开元时设有市舶使，购买外国商品，收抽船脚，李勉拜岭南节度使，廉洁不暴征，西南夷舶，岁至四十柁，公私以济。李肇《国史补》谓："南海舶，外国船也，每岁至安南、广州、师子国舶最大，梯上下数丈，皆积宝货，至则本道奏报，郡邑为之喧阗，有番长为之主，领市舶使，藉其各物，纳舶价，禁珍异，番商有以欺诈入牢狱者。"伊般哥达比谓："四口岸之中，以广州为最大"，盖其时贸易之集中点，元开撰《唐太和上东征传广州条》谓：西江中有波斯、波罗门、昆仑等舶，不计其数，尤可想见其时贸易之盛矣。

二扬州　扬州在唐代以盐政及漕运之关系，加以运河开通，扼南北交通之咽喉，为其时之一大商业都会，俗好商贾，不事农业，以是大食、波斯、胡人之流寓此间者极众。扬州，胡店甚多，以珠宝为业，亦可谓为中西珠宝互市之汇萃地，置有市舶使。文宗太和八年《疾愈德音》曰：南海番舶本以慕化而来，固在接以恩仁，使其感悦，恩有矜恤，以于绥怀，其岭南、福建及扬州番客，宜委节度观察使，常加拜问，除舶脚收市进奉外，任其往来流通，自为交易，不得重加税率。

三龙编　龙编即安南之河内，为其首府，唐时置安南都护，大食、波斯、犹太人等，均以此为来华之起点，由此往广州，更进而至泉州，更进而至扬州，故安南为其时通商口岸之一。交州在唐时之国外贸易甚盛，《陆宣公奏议》谓：岭南节度使奏，近舶船多往安南贸易，即其一证。

四泉州　泉州为中、日间往来之要道，海舶颇多，外番贡使，多至此登陆，如天祐时三佛齐使者蒲栗诃，至福建；又如乾宁三年授王潮威武军节度使制中有闽、越之间，岛夷斯杂之语，可知泉州亦为唐时之一繁盛商埠也。

此外明州（浙江宁波）、楚州（江苏淮安）、洪州、荆州、成都等，均为繁盛之商埠。

第九节　唐代交通

唐代国内交通，可分述如下：

关　司门郎中员外郎，掌天下诸门及关出入往来之籍赋，而审其政。凡关二十有六，而为上中下之差，京城西门关有驿道者，为上关，余关有驿道及四面关者，为中关，其他为下关，所以限中外，隔华夷，设险作固，闭邪正暴者也。

驿传　驾部郎中掌国之舆辇车乘，及天下之驿传，凡三十里一驿，天下水驿一千三百三十所，陆驿一千二百九十一所，水陆相兼之驿八十六所。其驿站之繁多，可以窥其交通之发达矣。

国外交通要道有七，列表如下：

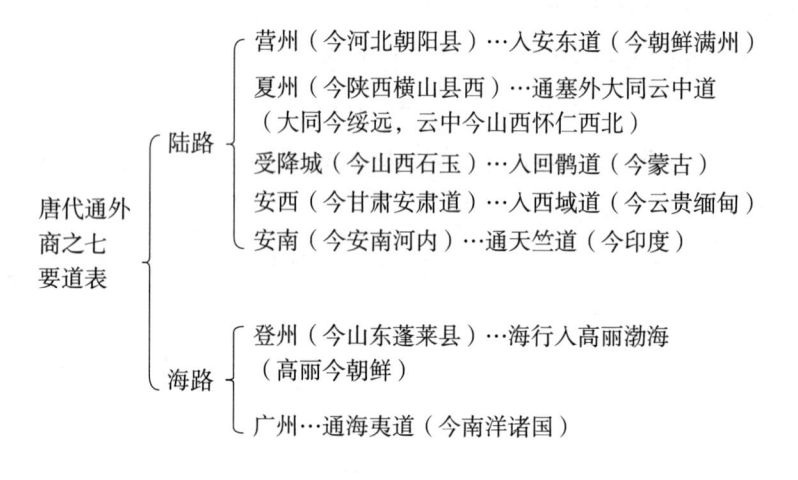

唐代通外商之七要道表：

陆路
- 营州（今河北朝阳县）…入安东道（今朝鲜满州）
- 夏州（今陕西横山县西）…通塞外大同云中道（大同今绥远，云中今山西怀仁西北）
- 受降城（今山西石玉）…入回鹘道（今蒙古）
- 安西（今甘肃安肃道）…入西域道（今云贵缅甸）
- 安南（今安南河内）…通天竺道（今印度）

海路
- 登州（今山东蓬莱县）…海行入高丽渤海（高丽今朝鲜）
- 广州…通海夷道（今南洋诸国）

据上表，陆路由河北之朝阳至朝鲜、满洲，由陕西之横山至绥远，由山西玉石至蒙古，由甘肃至云、贵、缅甸，由安南至印度之五大路线既已开通，海路由山东至渤海、高丽，由广州至南洋诸国之两大航线，亦已开发，外商之往来频繁，可以知矣。自四港（广州、扬州、泉州、安南）开关商埠以后，于是闽、广之商船，更据张其航线，或由泉州、广州而航师子国，或经师子国沿印度之西海岸，而入波斯湾或沿阿拉伯海岸而至红海湾之阿曼。

第十节　唐代关禁

唐代关津之令甚严，武德中，诏潼关以东，缘河诸关，悉宜停废，其金银绫绢等物，依格不得出关者，并不须禁其制，盖甚便民。至天宝中，勅关以西，诸国兴败，往来不绝，虽托以求利，终交通外番，因循颇久，殊非稳便，自今以后，一切禁断，仍委四镇节度使及各路所由郡县，严加捉搦，不得更有往来，则有限制商贾为国外之贸易也。又《唐律》称："诸赍等物，私度关者，坐赃论：赃轻者，从私造私有法，若私家之物，禁约不令度关而私度者，减三等；诸越度缘边关塞者，徒三年；共化外人，私相交易，若取予者，一尺往二年半，三匹以上者，加一等，十五匹加役流。"《疏议》引关市令，称："锦，绫，罗縠，䌷绢，绵布，牦牛尾，真珠金，银铁，并不得度西边北边诸关"，是唐时法制，实主极端之闭关主义，故虽以太宗、高宗兵力之盛，大食、波斯，胥为属地，而国外贸易，曾未闻稍加提倡，转从而摧抑之，亦可见吾国人思想之锢塞矣。

第十一节 唐代币制

　　唐时信用纸币，始自唐高宗永徽年间，曾印大唐宝钞，其文为："吏部奉旨印造大唐宝钞，与钱通用，伪造者立斩治罪，首告者给银三十两，颁行天下，永徽年月日"，横额大唐宝钞，下书拾贯。按永徽所发行者，仅此一种。至武宗会昌年间，又发九贯及一贯两种，样式相同，唯告捕者九贯之赏钱七百五十两，一贯之赏钱二百六十两，是不同处。其文为内阁奉旨颁布印造大唐通行宝钞与银并用，饬发天下，任民使用，伪造者斩，告捕者赏银七百五十两，隐匿不报同罪，会昌年月日横额为大唐颁行宝钞左右两行，颁行天下一体遵照八字，均长方形。唐初民间多沿用五铢钱，武德四年，改铸开元通宝，钱文读法，为先上后下，次左后右，后以盗铸日多，恶钱充斥，虽经严禁，亦无效果。开元中敕绫罗绢布杂货等，皆合通用，如闻市肆，必须见钱，深非通理，自今后与钱货兼用，违者准法罪之。又敕货物兼通，将以利用，而布帛为本，钱刀是末，贱本贵末，为弊则深，法教之间，宜有变革，自今以后，所有庄宅交易，并先用绢布绫罗丝绵等，其余市价至一千以上，亦令钱物兼用，违者科罪。贞元中，禁行人持钱出关，州县禁钱出境，而商贾亦以绝迹。浙西观察李若初请通钱往来，而京师商贾，赍钱四方贸易者，不可胜计，遂复禁之，元和中，定制京师内自文武官僚，不问品秩高下，并各州县主中使以下，至士庶商旅等，守观坊市，所有私贮见钱，不得过五十贯，如有过此，许从勅出后，限一月内换将别物收贮，若一家内别有宅舍店铺等所贮钱，并须计同此数，如限满后有误犯者，自身人等宜付所司痛杖一顿，处死，其文武官及公主等，并委有司闻奏，当重科贬，戚属中使，亦具名衔闻奏，其胜贮钱不限多少，并勒纳官，数内五分取一分充赏钱数，其赏钱至于五十贯，此外察护，及有人论告，亦重科处，并量给告者。时京师里闾，区肆所积，多方镇钱，如王锷、韩宏、李惟简少者不下五十万贯，于是竞买宅第，以变其钱，多者竟里巷，佣僦以归其值，而高贵大贾，多依倚左右军官钱为名，府县不得穷验，法竟不行。唐宪宗以钱少复禁用铜器，时商贾至京师，委钱诸道院及诸军诸使富豪家，以轻装趋四方，合券乃取之，号飞钱，京兆尹裴武请禁之，搜索诸坊，十人为保，自禁飞钱，家有贮藏，物价益轻，判度支卢坦，兵部尚书判户部事王绍，盐铁使王绍，请许商人于户部度支盐铁三司飞钱，每千钱增给百钱，然商人无至者，复许与商人敌贯而易之，然钱重帛轻如故（飞钱之法，即后世汇票之权舆）。柜坊之制，以柜租与他人，代为保管钱物，收取相当之保管费，存放柜坊之钱。持帖提取，柜坊立即照付来人（票帖之性质，与今日支票相近），富商作大量交易时，可用帖子避免移转硬币之麻烦。

第十二节　唐代之高利贷

唐时人民企业情殷，无资本而思为货贩者，多于前代，故公家有捉钱之定法，而私人亦有举债之明文。唐贞观初，京师及州县，皆有公廨田，供公私之费，其后以用度不足，京官有俸赐而已。诸司置公廨本钱，以番官贸易取息，计贯多少为月料，后又许诸色人等承领公廨本钱，入市营运，月纳利息，号为提钱令史，其法人提五十贯以下，四十贯以上，任居市肆，恣其贩易，每月纳利四千，一年凡输五万，送利不违，年满授以令史之职。官家剥取重利，而以令史诱人，其法与捐输纳粟无异，褚遂良尝奏罢之，不久又复其制。开元中诸州县官亦出本钱取利，以供月料，大抵五千之本，七分生利，一年所输，四千二百（以十二个月计）。其利虽较轻于京司公廨本钱，然亦可谓重矣。至于民间放债，亦取重利，长安元年，勅负债出举，不得回利作本（即今之复利），并法外生利，开元十六年诏："比来公私举放，取利颇深，有损贫下，事须厘革，自今以后，天下负举（举又称出举举放，是一种信用放款），只宜四分收利，官本五分收利。"又宝历中定制，京城内有私债，经十年以上，曾出利过本两倍者，宜令台府勿为征理，以此推之，唐人取利，有回利作本者，有法外收利者，有重在四五分以上者，有以债权求官为之征理者，公私举放，均见诏敕，可见其时之风气矣。

第十三节　唐代茶叶之兴盛

茶为我国人之饮料，且为出品大宗，古书无见茶字，茶茗之称，始于三国，至两晋而渐多，迨唐始盛行于世。《新唐书·陆羽传》羽嗜茶，著《茶经》三篇，言茶之原之法之具尤备，天下益知饮茶矣。时鬻茶者至陆羽形置炀突间，祀为茶神。其后尚茶成风，回纥入朝始驱马市茶。前乎羽之时国内尚未尽以茶为饮料，国外尚未以茶为出品也。唐时各地发现茶叶甚多，其见称于史乘者，剑南有蒙顶、石花或散芽，号为第一；湖州有顾渚之紫笋；东川有神泉、昌明；硖州有碧润、月明、房荬、荑寮；福州有方山之生芽；夔州有香小江陵水；湖南有衡山、岳州之㴸湖之含膏；常州有义兴之紫笋；婺州有东白；睦州有鸠坑；洪州有西山之白露；寿州之霍山之黄芽；蕲门之月团，而浮梁之商货不在焉。（浮梁疑为茶商萃聚之处，观白居易诗有："商人重利轻别离，前月浮梁买茶去"之句，可想见矣。）

第十四节　唐代茶监之税

唐代嗜茶之风颇著，但初无茶税，德宗建中元年，始税茶，寻罢之，贞元中，复税茶，于出茶州县，及茶山外商人要路，时估每十税一，岁得钱四十万。有私鬻者，刺史县令以纵私盐论，后归盐铁使领之。厥后茶税，屡有增加，私茶悬为厉禁，私鬻茶三犯三百斤者论死。唐初盐价甚贱，天宝、至德间，每斗不过十钱，乾元二年，盐铁铸钱使第五琦初变盐法，就山海井龟近利之地，置监院，游民业盐者为亭户，免杂徭，盗鬻者论以法。旋琦为诸州榷盐使，尽榷天下盐斗，加价百钱而出之，为钱一百一十，此官盐病民所由始也。其后刘晏为盐铁使，以盐吏多则州县扰，出盐乡因旧盐置吏，收亭户所煮之盐，转粜商人，纵其所之；其去盐乡远者，转官盐于彼贮之，或商绝盐贵，则减价鬻之，谓之常平盐，官收厚利，而民不知贵。及晏罢法废，盐价至斗三百一十钱，商人乘时射利，盐价益贵，有以谷数斗易盐一升者，而私盐悬为厉禁，私鬻盐五石，市二石，亭户盗粜二石皆坐死。

第十五节　唐代病商之政

　　唐制天下民户等级，以赀产为准，富商大贾，多求与官吏往还，递相托嘱，冀居下等，盖恐国家攫取其资产也。肃宗时两京陷没，民物耗弊，乃遣御史郑汝清等藉江、淮富商大族，赀富，什收其二，谓之率贷，诸道以税商贾，以赡军钱。德宗时，朱滔、王武俊、田悦背叛，国用不给，陈京请借富商钱，度支杜佑亦以为请，乃以户部侍郎赵赞判度支，代佑行借钱令，约罢兵乃偿之，搜督甚峻，民有自经者，家若被盗，然总京师豪人田宅奴婢之估，才得八十万缗。又取僦匿纳质钱，及粟麦籴于市者，四取其一，长安为罢市，遮邀宰相哭诉，而所获才二百万缗，盖当时主财政者，不知公债之法，不明租税之理，故一遇国用困乏，即出此病民病商之举。德宗时又有宫市之弊，先是宫中市外间物，令官吏主之，随给其值，后以官者为使，抑买人物，置白望数百人于两市（长安东市西市），率用值百钱物，买人值数千物，多以红紫染故衣败缯，尺寸裂而给之，仍索进奉门户及脚价钱，人将物诣市，至有空手而归者，商贾有良货，皆深匿之，每敕使出，虽沽浆卖饼者，皆撤业闭门，其暴横无异于强盗，处斯虐政之下，商业宜其不发达也。

第十六节　唐代之理财家

唐代之理财家，首推刘晏，其初任盐铁使也，江、淮盐利，岁才四十万缗，至大历末乃达六百余万缗，天下之赋，盐利居半，宫闱、服御、军饷、俸禄，皆仰给之。代宗时京师米斗千钱，晏按行漕运河道，移书宰相元载，论漕运利病，载即尽以漕事委晏，晏得尽其才，岁致四十万斛，自是关中虽水旱，物不翔贵。京师盐暴贵，诏晏取三万斛以赡关中，自扬州四郡至，都人以为神。至湖峤荒险处，所出货皆贱弱，不偿所转，晏悉储淮、楚间，贸铜易薪，岁铸缗钞十余万，其措置纤悉如此。常以原值募驶足，置驿相望，觇报四方物价，虽远方不数日皆知，是以能权万物轻重，使天下无甚贵贱，自言如见钱流地上。惜乎天不祚唐，竟为杨炎（德宗相）谗构而死！不然，唐民之被泽，未有已也。此外有裴明礼者，深得人弃我取之理，尝收人间所弃物，积而鬻之，以此家产巨万，有在金光门外，市不毛地，多瓦砾，乃于地际悬以筐，中者辄酬以钱十百，仅一二中，未浃旬，瓦砾尽矣，乃舍诸牧羊者，粪既积，预聚杂果核，具犁牛以耕者，岁余滋茂，连车而鬻所收，复致巨万，乃缮甲第，置蜂房以营蜜，广栽蜀葵杂花果，蜂采花逸而蜜丰，其营生之妙，触类多奇，不可胜纪。此外窦乂、何明远等，皆以贫寒起家，积资巨万，喧传于当世，兹为篇幅所限略之。

第八章　五代之商业

第一节　诸国之通商

唐末大乱，宇内分裂，奸伪窃据，覆亡相踵，由理论推之，丁斯干戈扰攘之初，当无商业之可言，然以《五代史书》考之，则往来贸易仍未稍绝。《五代史南汉世家》"刘隐祖安仁，上蔡人也，后徙闽中，商贾南海因家焉"。又曰"刘龑性好夸大，岭北商贾至南海者，召之使升宫殿，示以珠玉之富"。又"刘晟尝遣巨舰指挥使暨彦斌，以兵入海，掠商人金帛"，是南汉虽僻处南服，而与岭北通商，且有舶来商人，市易于其领海也。《楚世家》"马殷弟宾为杨行密（杨行密时据淮南国号吴）所执，行密遣之曰：勉为我合二国之欢，通商贸易，有无以相资，亦所以报我也"。又曰"殷修贡京师，不过所产茶茗，自京师至襄唐、邓复等州，置邸务以卖茶，其利十倍"。《十国春秋》，"高郁为马殷军都判官，劝殷尊王伏顺，内奉朝廷，外诱邻敌，退修兵农，而楚以强，湖南产茶，郁请听民自采，卖于北客，收其价以赡军，又产铅锡，请铸为钱，以境内所余之物，易天下百货，"是楚藉通商以缔吴好，而以己国特产之商品，销运于邻邦也。《闽世家》："王审知为人俭约，好礼下士，招徕海中蛮夷商贾，海上黄崎，波涛为阻，一夕风雨雷霆震击，开以为港，闽人以为审知德政所感，号为甘棠港。"又曰留从效据漳、泉二州，周世宗时从效遣牙将蔡仲兴为商人，间道至京师，求置邸内属，是闽外与海夷通商，内与中原市易也。然史称："周禁食盐逾越漳河，蜀禁锦绮珍奇入中国，"则商品输出，似又悬为厉禁，而《十国世家》中"山川阻绝，风气不通"二语，更可援为商路梗塞之确证。要之，当时诸国互市通商者有之，禁止往来者亦有之，学者分而观之可也。

第二节　五代商税

五代税法紊乱，兹就其与商业有关者，分述于下：

（一）普通货物税　在后周以前，对于普通商品，如牛畜之类，均征以通过税，周显德五年，虽对于牛畜只征以货物税。但对于其他货物，则仍征以通过税。

（二）盐税　五代盐税，名目繁多，而官盐亦复巧立名目，例如蚕盐、食盐、大盐、栾盐之类，其税率与税量各不相同。后唐俵散蚕盐，依限纳税，计口授盐，遂自此始。周禁私盐，颗盐末盐，各分地界，行盐分界，遂自此始，周既税盐，又纳盐斤，是为后世一盐两税之始。

（三）铁税　后唐熟铁，任百姓自炼，乡村百姓，于夏秋苗亩上纳农器钱一文五分，随夏秋税二时缴纳。

（四）曲税　梁开平三年，准商民造曲，至唐始榷曲与榷酤并行，人民须置官曲不得私造，盖官专卖也。唐明宗天成三年，复许人民自造私曲，唯于夏秋田苗上每亩纳曲钱五文足陌。并许买官曲酒户造曲酿酒出卖，其余诸色人亦许私造酒曲供家，唯不得私卖，违者纠察。长兴元年，敕令每秋苗一亩，特减二文征三文，此制行于乡村，至于都市，则逐月计算，十分纳二。周显德四年，敕诸道州府曲例一依往例。

第三节　域外之通商

五代诸国，与外夷通商甚多，而其输入品，则以马匹宝玉铜银为大宗。《北汉世家》，刘承钧拜五台山僧继颙为鸿胪卿，继颙为人多智，善商财利，四方供施多积蓄以佐国用，五台当契丹界上，继颙常得其马以献，号添都马，岁率数百匹。《五代史书》《四夷附录》曰："唐明宗时，诏沿边置场市马，诸夷皆入市中国，而回鹘、党项马最多，明宗招怀远人，马来无驽壮皆售，而所售常过直。"是与契丹、回鹘、党项通商，而输入其马匹之证。又曰："回鹘自唐明宗时，常以马市中国，其所赍宝玉皆鬻县官，而民犯禁者辄罪之，周太祖时，除其禁，民得与回鹘私市，玉价由此倍贱。"是与回鹘通商而输入其宝玉之证。又曰"高丽产铜银，周世宗时遣尚书水部员外郎韩彦卿以帛数千匹，市铜与高丽"，是与高丽通商而输入其铜银之证。盖域外诸夷，至五代已渐见开化，故其与中国贸易也特盛，观石敬瑭遣使称臣于契丹，契丹立敬瑭为晋皇帝，可以推当时夷夏之情形矣。而《五代史》中之尤堪注意者，则在辽有回图使一事，河阳牙将乔荣尝从赵延寿入辽，辽以为回图使，往来贩易于晋，置邸大梁掌互市回图之事，犹近世通商各国之有驻外公使及领事，亦足见国际思想之发达已。

第四节　五代时汴梁商业之盛

我国古时以都会为五方聚集之所，都会所在，商业随之。五代时除唐庄宗迁都洛阳外，梁、晋、汉、周皆以大梁为京都。周世宗显德二年四月，诏曰："东京华夷辐辏，水陆会通，时向隆平，年增繁盛，而都城因旧，制度未恢，坊市之中，邸店有限，工商络绎无穷，僦赁之资，增添不定，贫之户，供办实难，将便公私，须广都邑，宜令所司于京城四面，别筑罗城。"工商络绎，京城至不能容，商业之繁盛，可以知矣。《玉壶清话》曰"周世宗显德中，遣周景大浚汴口，景知汴口既浚，舟楫无壅，将有淮、浙巨商，粮斛万货临，无委泊之地，调乞令许京城民，环汴栽榆柳，起台榭，以为都会之壮，世宗许之。景踞汴流中，起巨楼十三间，后邀货于巨楼，山积波委，岁入数万计"。汴口既浚，淮、浙巨商，相继来临，则汴京又为十国与中原通商之中心矣。

第五节　五代之钱币

五代承李唐之后，钱币多沿唐旧。唐自玄宗以来，江、淮之间，恶钱盛行，至五代仍未尽绝。《旧五代史·食货志》"知唐州晏骈奏市肆间点检钱帛，内有锡镴小钱，拣得不少，皆是江南网商挟带而来，遂诏沿江州县，每有舟船到岸，严加觉察，不许将杂铅锡恶钱往来，换易好钱"。是江南商贾，尚有沿用恶钱也。恶钱之流行，仅在江、淮一带，他处多有唐之乾元重宝钱，而因其铜质之佳，民间多有盗毁为器者。唐庄宗同光二年，诏不得令富室分外收贮见钱，又工人销铸为铜器，兼沿边州镇，设法钤辖，勿令商人搬载出境。明宗天成元年，中书门下奏近日所卖器，多是销熔见钱，以邀厚利，乃下诏如原系铜器及碎铜，即平制造，如违，买卖之人，依盗铸钱律断，其禁富室分外收贮见钱者，意必恐其贮钱多，将有盗销之虞也。后晋高祖天福二年，诏禁一切铜器，其铜镜官为制造，许人收买，于诸处兴贩，是必因盗销之难以禁绝，遂收制造铜器之权于官也。盖钱币重则有盗销之弊，轻则有盗铸之弊，当时钱币，畸轻畸重，无怪奸伪之频生矣。

第九章　北宋之商业

第一节　宋初之恤商

五代诸国割据，战争频仍，军需浩繁，苛敛横征，赵宋开国，首以豁除商税为务，宋太祖受禅，即诏："所在不得扣留旅行，赍装非有货币当算者，无得发箧搜索"；又诏"榜商税则例于务门，无得擅改增损及创收"。开宝六年，诏"岭南商贾赍生药者勿算"。太宗淳化二年，诏："关市之租，其来旧矣，用度所出，未遑削除，征算之条，当从宽简，宜令诸路转运使以部内州军市征所算之名品告，参酌裁减，以科细民"；又诏："除商旅货币外，其贩夫贩妇，细碎交易，并不得收其税；当税各物，令有司件拆揭榜，颁行天下。"至道元年，诏："两浙诸州，纸扇芒鞋及细碎物，皆勿税"；二年，诏："民间所织缣帛，非出鬻于市者，勿得收算。"真宗除杭、越十三州鹅鸭钱；又令柴薪渡河津者勿税，又免农器。仁宗亦屡下减税之令，盖租税为国用所资，人民本有完纳之义务，然若取之无经，则官吏必有勒索之弊，小民将不胜其苛扰。宋初诸帝能将细碎品物免税，又颁定税则，榜示天下，使征收者与完纳者皆有准绳，无所用其增损，诚便商惠民之举，而堪为后世治国者取法也。

第二节　北宋时汴梁商业之盛

北宋承后周之旧，建都大梁，汴京仍为商业之中心。东京大内东华门外，市井最盛，盖禁中买卖多在此，凡饮食时新花果鱼虾脯腊金玉珠玩衣着，无非天下之奇。皇城之东曰潘楼街，皆珍珠匹帛香药铺席，南通一巷，谓之界身，并是金银彩帛交易之所，屋宅雄壮，门面广阔，望之森然，每一交易，动即千万。大内前州桥之东临汴河大街曰相国寺。相国寺每月五次开放，万姓交易，其余坊巷院落，纵横万数，莫知纪极，处处拥门，各有茶坊酒店，勾肆饮食，市井经纪之家，往往只于市店置饮食，不置家蔬，夜市直至三更尽，才五更又复开张，耍闹之处，通晓不绝，其商贾之繁盛，方之后周，似有过之无不及，而各路货物咸运至京师销售，几与今日各省贩运于上海者无异。淮南、荆湖南北路，运粟于扬、真、楚、泗处置，置仓以受其输，既而分调州船，溯流而入京师，荆湖、江淮、两浙以及岭表，金银、香药、犀象百货亦同之。唯岭表陆运至虔州而后水运，陕西诸州菽粟，自黄河三门沿流，由汴河而至；陈、颍、许、蔡、光、寿等六州之粟帛，由石塘惠民河而至；京东十七州之粟帛，由广济河而至；河北有御河达乾宁军，川、陕诸州金帛，自荆门列传置分辇负担以至。粗布及官所市帛，由水运送江陵，自江陵运送京师，众星拱北，万汇朝宗。虽纪漕运之利便，亦可推当时商路之概矣。

第三节　北宋之禁榷与官市

宋太宗太平兴国初年，京师置榷易院，诸蕃商将来之香药宝货，一由政府买之，禁民间擅自买卖，违者重处。北宋初期，主要商埠之市舶司，均置备款项，为购入蕃货之用，此款谓之折博本钱，又称博易本钱或市舶本钱，买物谓之博买，或称合买，又曰官市。市舶司既购蕃货，即发送京师榷易院，榷易院卖之民间，以博利益，此种专卖货曰榷货，又称禁榷货。榷货范围之广狭，因时而异，不在禁榷之列者，谓之放通行货物，政府抽解其一部为关税，遇有必要，亦先行收买其若干。货经抽解博买后，始得于市场发卖。《萍洲可谈》谓："真珠龙脑凡细色抽一分，玳瑁苏木凡粗色抽三分，抽外官市各有差，然后商人得为己物"，即指此也。

第四节　北宋与海番之通商

北宋之时，中外通商，日臻发达，海商来往，更盛于前代，当时称东南之利，海商居一，县官用度，实取给焉。自唐置市舶使领海商，宋乃因之而置为司，且于广州之外，增设泉、杭、明、密四州市舶司，以量货抽解，东至高丽、日本，南至阇婆、渤泥、三佛齐，西至大食皆往来交通，贸易有无。诸番至者，以金、银、铅、锡、缗钱、杂色帛、瓷器，易其香药、犀象、珊瑚、琥珀、珠琲、镔铁、龟皮、玳瑁、玛瑙、车渠、水晶、猫儿眼睛、番布、乌㮈木、苏木、胡椒等物，海舶大曰独樯，载重一千婆兰，次者亦不下三分之一。太宗时主榷务于京师，诏诸番货至广州非出官库，不得私相货易，其后又诏非珍奇物皆听市，后又诏他物之良者亦听市其半，大抵海舶抵岸，征其十一，而市其三，番商欲往他郡者，从舶司给券，毋杂禁物，其防船兵仗给之。哲宗时，刑部言贾人由海道往外番，请令以贾物名数，并所诣之地，报所在州，召保，毋得参带兵器或违禁及可造兵器物，官给以文凭，若擅乘船由海入高丽、新罗、登州境者，罪以徒，往北界加等。番商来我国港岸，则必使其供榷税，遵诏令；华商往外番市贩，则必使其报州官，领文凭。对外则保主权，对内则尽保护；以视后世之辱国体而伤国权者，似未可以同日语也。

第五节　北宋与辽夏之通商

北宋之世，契丹崛强，西夏猖獗，时与宋有战争之祸，而通商互市，亦尝见于和战之间，当时定例，两国各于分界处置榷场，以为互市所。宋太平兴国二年，令镇易、雄霸、沧州，各置榷务，命常参官与内侍同掌，辇香药、犀象及茶与交市，后有范阳之师，乃罢不与通。景德初通北戎，复于雄霸州安肃军置三榷场，凡官鬻物如旧，而禁绵、漆器、粳糯，所入有钱、银、布、羊、马、橐驼，岁获四十余万，契丹因其土产不敷国用，亦常于雄州立互市，与宋通商，特逞其强权，于商品之有关系者，辄任意禁断。圣宗统和十五年，禁吐谷浑别部鬻马于宋；兴宗时，又禁朔州鬻羊于宋；又禁毡银鬻入宋；宋亦无如之何。西夏旧为宋藩属，常以朝贡求互市，真宗景德四年，夏州纳款，于保安军置榷场，以缯帛罗绮，易羊、马、牛、驼、玉、毡毯、甘草，以香药、瓷、漆器、姜、桂等物，易蜜蜡、麝脐、毛褐、羚羊角，非官市者听与民交易。仁宗初年，陕西亦有榷场二，并代路亦置场互市，旋元昊擅自称帝，乃诏陕西、河东绝其互市，废保安军榷场，后又禁陕西并边主兵官与属羌交易。久之元昊称臣，数遣使求复互市，庆历六年从其请，复为置场于保安、镇戎二军，岁售马二千匹，羊万口。英宗时，夏人攻庆州大顺城，诏罢岁赐，禁边民无得私贸易。治平四年，夏人上章谢罪，勾通和市，遂复许之。后以河北榷场私贩者众,遂定与化外人,私相贸易,罪赏法。朱彧《萍洲可谈》曰:"京师置都亭驿,待辽人,都亭西驿待夏人,同文馆待高丽,怀远驿待南蛮",当时中外通商之盛,于此可见一斑。

第六节　北宋之庙市

我国庙市,在北守时已甚发达,东京相国寺,乃瓦市也,僧房散处,而中庭两庑,可容万人,凡商旅交易,皆萃其中,四方趋京师,以货物求售,转售他物者,必由于此。(宋王栐《燕翼诒谋录》卷二,《东京》《相国寺条》)相国寺每月五次开放,万姓交易,大三门上,皆是飞禽猫犬之类,珍禽奇兽,无所不有,第三门皆动用什物,庭中设彩幙露屋义铺,卖蒲合簟席屏帏洗漱鞍辔弓箭时果脯腊之类,近佛殿,孟家道冠,王道人蜜煎,赵文秀笔,及潘谷墨。占定两廊,皆诸寺师姑卖绣作、领抹、花朵、珠翠、头面、生色销金花样、幞头、帽子、特髻、冠子、绦线之类。殿后资圣门前,皆书籍、玩好、图画及诸路罢任官员土物、香药之类。后廊皆日者货术传神之类。(孟元老《东京梦华录》卷三《相国寺万姓交易条》)

第七节　北宋之钱币

宋初，钱文曰：宋元通宝。太平兴国中又铸太平通宝钱，太宗亲书淳化元宝作真行草三体，自是每改元，必更铸钱，或称元宝，或称重宝，而称通宝者为最多。仁宗特用皇宋通宝，其后仍改用年号。神宗铸当十钱，后因赢利太多，民多盗铸，乃改作当三，又改作当二，谓之折二钱，置铸钱监于诸路，凡二十六；十七监铸铜钱，九监铸铁钱，徽宗时，又铸夹锡钱，资本既轻，民间复多盗铸。当时交子之法盛行，而以蜀人用之为最盛。初蜀人以铁钱重，不便贸易，始为券，谓之交子（案交子之性质，与本票相近），以便贸易，富民十六户主其事，诸豪富以时聚首，同用一色纸印造，印文用屋木人物，铺户押字，各自隐秘题号，朱黑间错，以为私记，填贯不限多少，收入人户见钱，便给交子，无远近行用，动及万百贯，街市交易将交子要取见钱，每贯割落三十为利。其后富人赀稍衰，不能偿所负，争讼数起，寇瑊守蜀，乞禁之，转运使薛田议废交子，则贸易不便，请置交子务于益州，禁民私造，仁宗诏从其请，神宗熙宁二年，以河东运铁钱劳费，乃诏置交子务于潞州，四年又行其法于陕西，五年交子二十二界将易，而后界给用已多，诏更造二十五界百二十五万以偿二十三界，交子有两界自此始。绍圣以后，增造日多，价日低落。大观元年，诏改四川交子务为钱引务，改交子为钱引，不蓄本钱，增造无艺，引一缗，仅当钱十数矣。

第八节　茶之进步

　　自唐人开饮茶之风，至宋则制茶之法愈精，饮茶之人数愈增，而国家之征榷亦愈繁。宋茶有两类：有片茶，有散茶，散茶大约即今日普通所饮之茶，片茶则蒸制颇精，而尤以建茶为佳，凡片茶蒸造，类实棬模中串之，唯建茶（又名建剑）则既蒸而研，编竹为格，置焙室中，最为精洁，他处不能造，其名有龙凤、石乳、的乳、白乳、头金、腊面、头骨、次骨、末骨、粗骨、山挺十二等，龙凤皆团片，石乳、的乳皆狭片，的乳亦有阔片者，白乳以下皆阔片，以充贡品及邦国之用。又有龙凤小团，味尤清美，每一斤值金二两，时人言茶者多云旗枪，盖以始生而嫩者为枪，浸大而展者为旗也。宋于江陵、真州、海州、汉阳军、无为军、靳口等处为榷货务六，以榷茶税，官自为场，置吏总之，谓之山场，采茶之民，谓之园户，作茶输租，悉官市之。民之饮茶者，售于官，给其日用，谓之食茶，出境则给券，商贾贸易，付钱或金帛于京师榷货务，以射六务茶，随所射与之，愿就东南付钱及金帛者听，计直予茶，如京师例，天下茶皆禁，唯川、陕、广南听民自买卖，而禁其出境。仁宗以后，诸州之茶肆行天下矣。

第九节　瓷器之进步

晋时东瓯出青瓷,北魏时关中、洛阳均有陶器,然未甚发达也。唐以后始渐时步。唐之陶器,有寿窑、洪州窑、越窑、鼎窑、婺窑、岳窑、蜀窑诸名。五代时吴越有秘色窑,周有紫窑,其瓷皆青翠。至宋则窑业大盛,定窑、汝窑、官窑、哥窑等所出之瓷器,皆甚著名。定窑在定州,以白色而滋润者为正,白骨而加以泑水,有如泪痕者佳,俗呼粉定,又称白定,其质粗而微黄者低,俗呼土定;汝窑在汝州,其瓷色青,窑土细润如铜,体有厚薄,而莹若堆脂;官窑则大观、政和间汴京自置窑烧造者,土脉细润,体薄色青,带粉红,浓淡不一,有蟹爪纹,紫口铁足。大观中,釉分月白、粉青、大绿三种,政和以后,唯有分浓淡耳。哥窑即龙泉、琉田窑,处州人章姓兄弟分造,兄名生一当时别其所陶曰哥窑,土脉细紫,质颇薄,色青,浓淡不一,有紫口铁足,多断纹,隐裂如鱼子,釉唯朱色粉青二种,汁纯粹者贵。生一之弟生二所陶仍龙泉之旧号,又号章窑,或曰处器青器,土脉细腻,质薄,亦有粉青色翠青色,深浅不一,足亦铁色,但少纹片。唐邑、邓州、余杭等处,皆有名瓷,而昌南镇之瓷器,尤为工致绝伦,唐武德中镇民陶玉者,载瓷入关中,称为假玉器,始闻于天下。至宋景德中,镇民烧造瓷器,质薄腻而色滋润,真宗命进御,瓷器底书"景德年制"四字,其器尤光致茂美,著行海内,于是天下盛称景德镇瓷器,而昌南之名遂微，（见《景德镇陶录》）此今日名震全球之景德镇瓷器之所由昉也。

第十节　北宋病商之政

宋初豁免琐税，整理税则，商人积困一苏，且诸国削平，贩路无禁，水陆接续，南北交通，贸易之范围加广，商业颇有蒸蒸日上之势，未几，王安石变法，乃受一大顿挫。安石立法之意，未尝不善，而性愎不能容正言，小人得乘间以投其所好，其受弊实在于此，今就其与商业有关系者言之：一曰和买，方春乏绝时，预给库钱，贷之于民，至夏秋令输绢于官，谓之和买，又曰和市，京东漕司王广廉等承安石意旨，以千钱配民，课绢一匹，其后匹绢令输钱一千五百，是假和买绢匹之名，强配以钱，而取其五分之息也。一曰均输，以发运使总各路之赋入，假以钱货，恣其用度，使周知各路财赋之有无，而移用之，凡税敛上供之物，皆得徙贵就贱，用近易远，以收商贾轻重敛散之权，其法与民争利太甚，苏轼时为推官，尝力言其弊。一曰市易，元丰初有魏继宗者，上言京师百货所居，市无常价，贵贱相倾，富能夺，病能予，乃可以为天下，于是王安石创市易法，在京设市易务，召在京诸行铺牙人充本务行人牙人，遇有客人货物出卖不行，愿入官者，许至务中投卖，行人牙人与客人平其价，据行人所要物数，先支官钱买之，赊与行人，立一限或两限，送纳价钱，若半年纳，即出息一分，一年纳，即出息二分，神宗用其言，发内库钱一百万缗，京东市钱八十七万缗，为市易本钱。自元丰五年至九年，中书言市易息钱并市利钱总收百三十三万二千缗，而盐专郑侠上言"自市易法行，商旅顿不入都，竞由都城外经过河北、陕西，北客之过东南者亦然，盖诸门皆准都市易司指挥，如有商货入门，并须尽数押赴市易司卖，以致商税大亏"。是宋不待南渡扰攘，而商业早入于衰颓之境矣。

第十章　南宋之商业

第一节　南渡后之恤商

　　宋代政治宽仁，史称艺祖开基，首定商税则例，自后累朝守为家法，故即南宋偏安，国势日蹙，而蠲省税敛之诏，亦尝见于史册。高宗时，诏："北来归正人，两淮复业人，在路不得收税。"孝宗、隆兴之初，招集流民，凡两淮之商旅归正人之兴贩，并与免税；又诏："乡落墟市贸易，皆从民便，不许人买扑收税"，减罢税务甚多。光宗、宁宗亦时减罢州县税务，惜其时贪吏并缘，苛取百出，私立税场，算及缗钱豉米菜茄束薪之属，或擅用稽察措置添置专栏收检。与小民相刃相靡，不啻雠敌，虚市有税，空舟有税，以食米为酒米，以衣服为布帛，皆使纳税，遇士夫行李，则搜囊发箧，目以兴贩，甚者贫民博易琐细于村落，指为漏税，辄加以罪，空身行旅，亦自取金百，方纡路避之，则拦截叫呼，或有货物，则抽分给赏，断罪倍输，倒囊而归，闻者咨嗟，至指税务为大小法场。大抵南宋诸帝，宽仁有余，而严肃不足，故虽有恤商之诏，而官吏置若罔闻，小民疾困，壅于上达，此国祚之所由终于灭绝也。

第二节　南宋时临安商业之盛

赵宋南迁，建都临安，五方财货，咸集处之。吴自牧《梦粱录》曰："都城自大街及诸坊巷，大小铺席连门，俱是无空虚之屋，客贩往来，旁午于道，曾无虚日。江南海贾，穹桅巨舶，安行于烟涛渺茫之中，四方百货，不趾而集，金银盐钞引交易，铺前列金银器皿及玩钱，纷纭无数，珠子市买卖，动以万数，城内外质库，不下数十处，收解以十万计。城郭外关水门里，有水路，周回数百，自梅家桥至白洋湖，直到法物库市舶前，有慈元殿及富豪内侍诸司等人家，于水次起造塌房数十所，为屋数千间，专以假赁与市郭间铺席宅舍及客旅寄藏物货，并动具等物，四面皆水，不惟可避风烛，亦可免偷盗，极为利便，置塌房家，月月取索，假赁者，管巡廊钱会，顾养人力，遇夜巡警，不致疏虞。"以商业言，南宋之临安，诚不亚于北宋之汴梁也。

第三节　南宋之币制

南宋币制，与北宋无甚大异，唯改交子之法为关子会子，似较北宋稍为进步耳。高宗绍兴六年二月，诏置行在交子务，造百五十万缗，充籴本，有司言官无本钱，民何以信，极论其不可，于是罢交子务，令榷货务椿见钱印造关子，旋又改为会子以临安府应支官钱造会子，椿见钱于城内外流转，其合法官钱，并许兑会子，赴左藏库送纳，会子务日造会子，监官分押，每一万，道解赴部，部覆印。通行淮、浙、湖北、京西除亭户盐本，并用见钱外，其不通水路去处，上供等钱，计尽用会子解发，其沿流州军，钱会中半，民间与卖田宅牛畜车船等如之，或全用会子者听。后以会子利厚，伪造者多，遂立严法，犯者处斩，告者赏一千贯；然终不能禁绝，而诸路纲运，并要十分见钱，州县不许民户输纳会子，以致在外会子，往往为商贾低价收买，辐辏行在所，朝廷不得已而收之，而旧会业已破损，不堪使用。乾道四年，遂取旧会毁抹截凿，付会子局重造，以三年为一界，界以一千贯为额，逐界造新换旧，旧会破损，但贯百字存印文可验者，即与兑换，内有假伪，将辩验人吏送所司，其监官取朝廷指挥，每验出一贯伪会，追究原收兑会子人钱三贯，与辨验人，如官吏用心讫事，无假伪，具姓名推赏。关子会子之外，又有淮交、湖会、川引诸名，但行于其境内，不许出界，商贾不行，民皆嗟怨，迄于宋亡。

第四节　南宋与西南诸夷之博易

西南诸夷与南宋博易最盛者，一曰大理，一曰交趾，周去非《岭外代答》曰："绍兴中宋置提举买马司于邕，每冬，大理诸番，以马叩边，买马司先遣招马官赍绵缯赐之，马将入境，西提举出境招之，既入境，邕守与经干盛备以往，与之互市，幕谯门而坐，不与蛮接也。东提举乃与蛮首坐于庭上，群蛮乃与吾六梭博易等量于庭下，朝廷岁拨本路上供钱、经制钱、盐钞钱，及廉州石廉盐、成都府锦，付经略司，为市马之费，岁额马一千五百匹，分为三十纲，赴行在所，绍兴以后，江上诸军，乞添纲，命元额之外，添买三十一纲，盖三千五百匹矣。蛮马之来，他货亦至，蛮之所赍麝香、胡羊、长鸣鸡、披毡、云南刀及诸药物，吾商贾所赍锦、缯豹皮及诸奇巧之物，于是译者平价交易云云。"与大理博易之所，多在横山寨，至与交趾博易，则多在永平寨。《岭外代答》又曰："永平寨与交趾为境，隔一涧耳，其北有交趾驿其南有宣和亭，就为博易场，永平寨主管博，交人日以名香、犀象、金、银、盐、铁与吾商易绫绵罗布而去。凡来永平者，皆峒落交人，遵陆而来，所赍必贵细，唯盐粗重，止可易布，以二十五斤为一箩，布以邕州武缘县所产狭幅者。邕州之外，钦州亦与交人博易，博易场在城外东江驿，以鱼蚌来易，斗米尺布者，谓之交趾蜑。其国富商来博易者，必自其边永安州移牒于钦，谓之小纲。其国遣使来钦，因以博易，谓之大纲，所赍乃金、银、铜、钱、沉香、熟香、真珠、象齿、犀角。吾之小商，近贩纸笔米布之属，日与交人少博易，亦无足言，唯富商自蜀贩锦至钦，自钦易香至蜀，岁一往返，每博易动数千缗云。"

第十一章　辽金之商业

第一节　辽之商业

辽本为东北契丹部落，立国以来，自得燕云十六州之后，版图扩大，物产殷饶，便于商业之发展；加以政府之提倡与经营，于是国内处贸易状况，均有可观。就国内贸易言，则南京（今北平）人口繁密，有三十万之多，城北有市，凡水陆百货，均汇聚于其间，又外城分南北两市，早晨集南市，而夜间则集北市。上京（今内蒙古巴林旗东北）则南城南当横街，各有楼对立，下列市肆，交易不用现钱，而用布，（如绫锦之属）其时外国商人，亦有来上京者，以回鹘商为最著名。上京南门之东，有回鹘营，即回鹘商人之居留地。此外三京及他州县，亦各有市，为货物贸迁之所。至于国外贸易，则除于南边置榷场与宋通商以外，在高昌、渤海立互市。当时外国如女真、铁骊、靺鞨、于阗、焉耆、波斯鲁、高丽等国，均与辽通商往来；入口货有金、帛、布、蜜蜡、蛤蛛、兽皮、牛、羊、驼、马、人参、毳罽之类。

第二节　金之商业

金本为女真部落，崛起于北方，初以游牧为生，本无商业之可言，后来灭辽破宋，深入黄淮两河流域，奄有中国土地之半，其商业颇有可纪者，兹言其大要如下：

（一）钞法　金人交易，多以实物，盖缘钱少之故，当时虽常铸钱，然多贮于官家，而不能流行于民间，故世宗时，有使者自山东还，太子问民间何所苦？曰："钱难最苦，官库钱满，有露积者，而民间无钱"，是金人之愚，不知钱之功用也。范成大《揽辔录》称："金尝效中国楮币，于汴京置局，造官会，谓之交钞，拟见钱行使，而阴收铜钱，悉运而北，过河即用钱不用钞，"此策之最下者。章宗初即位，有欲罢钞法者，有司言商旅利于致远，往往以钱易钞，盖公私俱便之事，岂可罢去，议遂寝。初制七年为限，纳旧易新，后改为字昏方换，收敛无术，出多入少，民浸轻之，遂铸永安宝货，一两至十两五等，每两折钱二贯，与钞并用；嗣又令西京、北京、临潢、辽东等路，一贯以上，俱用银钞宝货，不许用钱，一贯以下听民便，而民间尽以一贯以下交钞易钱用之，银钞宝货仍不行，于是定制，商旅赍见钱，不得过十贯，官及民间旧有见钱多者，许送官易钞，十贯以上，不得出京。又以诸处置库多在公廨内，小民出入颇难，命州县委官及库典于市肆要处置库支换，且以钞之流滞，定所司之赏罚，而钞之贱滞如故，其后虽迭更其名，如贞祐宝卷、贞祐通宝之类，而民仍贵钱贱钞，盖即过河用钱不用钞之结果也。

（二）茶盐　金茶自宋人岁供之外，皆市于宋界之榷场。章宗承安初，始设官制茶，淄密、宁海、蔡州各置一坊造茶，依南方例，每斤为袋，直六百文，以商旅猝未贩运，命山东、河北四路转运司，以各路户口均有袋数，付各司县鬻之，既而尚书省奏："茶者，饮食之余，非必用之物，比岁上下竞啜，农民尤甚，市井茶肆相属，商旅多以丝绢易茶，岁贡不下百万，是以有用之物，而易无用之物也，若不禁，恐耗财弥甚，"遂命七品以上官，其家方许食茶，仍不得卖及馈献。其后言事者以茶乃宋土草芽而易中国丝绵锦绢有益之物不可也。国家之盐，出于卤水，岁取不竭，可令易茶，省臣以为所易不广，令兼以杂物博易。宣宗元光中，省官以"国蹙财竭，金币，钱谷，世不可一日缺者也，茶本出于宋地，非饮食之急而自昔商贾以金帛易之，是徒耗也，兵兴以来，边民窥利，越境私易，今河南、陕西凡五十余郡，郡日食茶率二十袋，袋直钱一两，是一岁之中，妄费民银三十余万两也，奈何以吾有之货而资敌乎？"乃制亲王公主及现任五品以上官素蓄者存之，禁不得卖馈，余人并禁之，犯者徒五年，告者赏货泉一万贯。观金人所言市茶之害，即可知宋人所得市茶之利矣。金故地滨海，多产盐，及得中土，盐场倍之，设官立法加详，其法大致以盐归官专卖，而许民以米易盐。世宗大定中设榷盐官于大盐泺，听民以米贸易，而沿海诸榷场，又听官民以盐市易。盐在本境可易米，在边境可易茶，一物也而饮食之品胥恃以为易中，金人之沾盐利大矣哉！

（三）榷场　金与宋互市，例设榷场，故《金史·食货志》，特立榷场一门，其言曰："榷场者，与敌国互市之所也，皆设场官,严厉禁,广屋宇,以通二国之货,岁之所获,亦大有助于经用焉。"泗、寿、唐、邓、颍、蔡、凤、密、巩、洮等处,皆有榷场,泗州一场,在大定间,岁获五万三千四百六十七贯,承安元年,增至十万七千八百九十三贯,所增盖以倍计,其利可见。兴定中,集贤谘议官吕鉴言:"尝盐息州榷场,每场获布数千匹,银数百万,兵兴之后,皆失矣。使无兵战之祸,榷场之利,殊未可以量限也。"金与宋互市外又有保安、兰州、环州、绥德州榷场之设,以与西夏互市云。

第十二章 元之商业

第一节 元之通商起国

元之先世,一蒙古游牧民族耳,不数传而勃兴,卒至统一中夏,震撼亚、欧,建自古未有之大国,虽藉其强悍勇猛之武力,而缘通商以为灭人国之利器,则几与今日列强一辙。其亡南宋也,以商利为前驱,以兵戎为后盾,史迹中盖班班可考者。《元史·世祖纪》:中统元年四月,置互市于涟水军,禁私商不得越境,犯者死;二年,申严沿边军民越境私商之禁,时有宋私商七十五人入宿州,吏议罚于法,诏宥之,还其货,听榷场贸易。三年,又获私商南界者四十余人,命释之。至至元二年,始罢南边互市,释宋私商五十七人,给粮归其国,既严私商越境之禁,后宽宋商犯法之罪,意必为收买人心起见,故意与此甘诱之德也。其先世平定西辽,亦用商业经营之法,《元史译文证补》称:"太祖尝遣西域商三人,赍白骆驼、毛裘、麝香、银器、玉器,遗货勒自弥王,愿与之缔交通商,货勒自弥王如约,太祖又命亲王诸延等出赍遣人随西域商贾西行,购其土物,货勒自弥疑为蒙古细作,拘而杀之，唯一人逸归，太祖始有用兵之意，然犹遣使谕货勒自弥，谓先允互市交好，何背约，如杀商非有意，请以酋为偿，返所夺货，不则，以兵相见，"是太祖之穷兵西域实非始愿，而其所急者，专在互市之利，亦可见蒙古之重商业矣。

第二节　元代市舶之盛

元代统一中夏之后，锐意扩张海权，世祖尝命中书右丞索多等，奉玺书十通，诏谕诸番，于是海外诸国，如马八儿、俱蓝等，并通朝贡，而回回商贾，亦交通于海陆。元之商贾，多回回人，太祖遣使至货勒自弥议互市之商四百数十，皆畏兀人，畏兀，即回纥也。《元史·安南传》中统三年，诏谕其王陈光昺以其国有回鹘商贾，欲访以西域事，令发遣以来。五年，又下诏征商贾回鹘人。《马八儿传》，凡回回国金珠宝贝尽出本国，其余回回尽来商贾此间，是回回既由陆路通商，又有海道兴贩，故其时市舶颇盛，而尤以泉州为最。据《马可·波罗游记》所载："泉州一港，印度商船，来者频繁，输入香料及其他珍异，中国南部商人来此者极众，外国输入之无数珠玉及其他品物，均由彼等分配于南部各处，余敢断言亚历山大以外之商港，为有胡椒船一艘入港，以供耶稣教国，此泉州港必有百艘（或以上）之胡椒船入口，此港盖世界两最大贸易港之一也。"又据伊本巴都他《印度支那游记》所载："泉州为世界最大港之一，实则可云唯一之最大港，余见是港有大海船百艘，小者无数，"当时泉州贸易之盛，可想而知。泉州、上海、澉浦、温州、广东、杭州、庆元市舶司凡七所，成宗时并澉浦、上海，入庆元市舶提举司，而海外诸番，又贸易于太仓，谓之六国马头，（见《方舆纪要》）每岁招集船商于番邦，博易珠翠香货等物。次年，回番依例抽解，然后听其货卖，抽解之例，凡货皆十分取一，粗者十五取一，独泉州特轻，三十取一。至元三十年，各港皆依泉州为例，三十取一，永为定制。杭、泉市舶，则官自具船给本，选人入番贸易诸货，其所获之息，以十分为率，官取其七，所易人得其三，凡权势之家，皆不得用己钱入番为贾，犯者罪之，仍籍其家产之半。其诸番官旅就官船卖买者，依例抽之，凡金银铜铁男女，并不许私贩入番。大德中，禁商下海罢市艇。延祐元年，复立市舶提举司，仍禁人下番，官自发船贸易，盖海商利厚，又易为奸，故禁民商而归官办也。至元统二年，中书请发两艘船下番，为皇后营利，则不成政体矣。

第三节　关于商贾之禁令

　　元代《刑法志》所载：关于商贾之禁令特多，皆非前代所有者，比而考之，可以见其宽严之用意焉。

　　——诸江南之民，每夜禁钟以前，市井点灯买卖，晓钟以后，人家点灯读书工作者并不禁，其集众祠祷者禁之。

　　——诸关厢店户居停旅客，非所知识，必问其所奉官府文引；

但有可疑者，不得容止，违者罪之。

——诸经商或因事出外，必从有司会问邻保出给文引，违者究治。

——诸海滨豪民，辄与番商交通贸易铜钱下海者，杖一百七。

——诸市舶金银铜铁男女人口丝锦缎匹绫罗米粮军器等，不得私贩下海，违者舶商舶主事头火长，各杖一百七，船物没官。

——诸舶商大船给公验，小船给公凭。每大船一，带柴米船八，橹船各一，验凭随船而行或有验无凭，及数外夹带，即同私贩，犯人杖一百七，船物并没官，内一半付告人充赏，公验内批写货物不实，及转变渗泄作弊，同漏船法，杖一百七，财物没官，舶司官吏容隐，断罪不叙。

——江南铁货及熟铁器，不得于淮、汉以北贩卖，违者以私铁论，又无引私贩铁者，杖六十以上。

第四节　中原既定后之商政

元既定中原之后，商贾贸易，多依附权贵僧道之势，以免课税，如世祖中统四年，令凡在京权势之家为商贾，及以官银买卖之人，并须输税，入城不吊引者，同匿税法。至元十九年，又以势家之商贾者阻遏舟船，立沿河巡察军，犯者没其家，是权势之商，有不输税及阻遏民间行船之事也。至元三十年，敕僧寺邸店商贾舍止，其物货依例抽税。仁宗元祐五年，敕上郁寺权豪商贾，货物并输税课；七年七禁京城诸寺邸舍匿商税。文宗时，又诏僧道女里可温答失蛮为商者，仍旧纳税。盖元宗崇信宗教，僧道女里可温等势可与权贵抗衡，商贾依止，可以免税，而僧道等亦可挟势而为商，此皆非前代所有也。

第五节　元代驿站制度

元代驿站制度，以大都为中心，由大都辟有大道若干，各通至行省，在每条大道，每隔二十五英里，或三十英里，立一驿站，此地即成为一个市集。驿站之建筑良好，房屋构造复杂，分为数间，饰以锦绣，凡达官贵人于旅途中所需各种物品，驿站中皆备。每站备有良马四百匹，专供大汗使官或差役驰骋往来掉换之用。此类驿站，不独于市集有之，即在山僻之区，距离市集或村落甚远，及距离大道甚远地方，其建筑及设备均与前述驿站相等。总之在大汗国土范围之内，驿站之数，几及一万，而诸站所备马数，共有二十万匹，运用方面，极为便利。

第六节　元代商业政策

元代经济政策，系采重商主义，据洪文卿《元史译文证补》："元太祖尝遣西域商三人赍白骆驼毛裘、麝香、银器、玉器赠货勒自弥王（即花刺子模）并要求往来通商。又尝派亲王诺延等出资遣人随西域商贾西行，收买西域土物。"又据《元史》："世祖即位于统一中夏之后，即命中书右丞索多等奉玺书十通，诏谕诸番输诚内向，于是占城（今法领印度支那中部交趾地）马八儿（今南印度马都剌部地）及俱蓝（今南印度境内）等南洋诸国均入朝奉贡，而回回商贾与中国海陆两路均有交通往来，"由此可知元代国际商业政策，颇能积极推行，而同时对于国内商业，亦颇注重。据《元史耶律楚材传》："中原地税商税盐酒铁冶山泽之利，岁可得银五十万两，帛八万匹，粟四十余万石，"中原商税岁额既如是之重，则当时国内商业之兴盛，可以知矣。

第七节　元代商人之种类

元代商人种类，至为复杂，有蒙古人汉人（契丹、女真及中国黄河流域人）、南人（江、淮以南之南宋人）及色目人。色目人在商业上所占势力最大，所包括之人种亦最繁；凡西域人，欧洲人及各藩属人均属之。当时宗教中人之经营商业者，往往受政府特别优待，而宗教中商人有佛教徒、道教徒、基督教徒、回教徒、犹太教徒之分，就中以回教徒人数最多，杂居中国内地，回人来自西域者，多教以经营商业为目的，其在商业经营方面，均富于冒险之精神。又当时欧人来中国者，多为基督教徒，彼等除为宗教事务以外，多为经商而来，其中著名之人物，如马可·波罗（Marco Polo）、阿多利克（Friar Odoric）、白果拉蒂（F.B.Pegolotti）等，均系意大利人，远来中国，或作官或经商或传教，彼等回国以后，俱著有游记，记载当时中国社会实业风俗颇详，于是欧洲人士，诵读其书，始知中国为东亚大国，而艳羡之心，油然而生，汲汲求与中国通商。观此，欧风东渐，固为明代中叶以后之事，而欧、亚通商之动机，实肇始于元代也。

第八节　元代商税

元代商税之种类，可分为三：一、正课，商贾买卖所纳税额，以及田宅奴婢孳畜之交易所纳契本工墨之费；二、额外课，即正课之外，另行增收之课额；三、船料税，对于商船所征之税，就中额外课曾经禁征，而船料税率则定为一千料以上者年纳钞六锭，一千料以下者依数递减。至于商税正课之税率，则定为三十分取一，后又改为二十分取一。元代商税之征收，尝有承包之制，即当时所谓扑买，凡天下商税，统由一人承领包办，每年缴上天下商税额若千万；如太宗十一年十二月商人焉尔图哈玛尔蛮扑买中原银课二万二千锭，以四万四千锭为额。又据《元史耶律楚材传》："富人刘忽笃马、涉猎发丁、刘廷玉等以银一百四十万两，扑买天下课税，后来由焉尔图哈玛尔蛮扑买，又增至二百二十万两。"元代商税岁额，世祖至元七年额止四万五千锭，其溢额别作羡余，是年五月，以上都商旅往来艰辛，特免其税，唯典卖田宅不纳税者，仍然查禁。二十年派委官吏，提调各路商税，增羡者迁赏，亏短者赔赏降黜。又令各路按月以所收之数申报于部，过期不报，或呈报不实者，处分有差。是年，定上都税课六十分取一。二十二年增加商税契本；二十六年又增商税内地二十万锭，江南二十五万锭；二十九年定诸路输纳之限。元贞元年，增上都之税，至大三年每道契本增至元钞三钱。文宗天历时，天下总入商税额数为九十三万九千五百六十八锭，可知此时商税视前加重在二十倍以上，就中以江、浙行省所收数额最多，计为二六九、〇二七锭，江南行省次之，计为一四七、四二八锭，而以岭北行省（统漠南漠北即今外蒙古）所收岁额为最低，计为四四八锭。

第九节　元代国营商业

元代国营商业，有平准库，回易库，和买及市易司等；至于盐铁酒茶官卖之制，则大致与前代相同。平准库始立于世祖至元年间，诸路及和林均有之，主平物价，使相依准，不至低昂。回易库亦于至元间设立，诸路凡十有一，掌市易币帛诸物。和买之制，是仿效宋代之遗法，先创行于大都，旋上都与诸路亦次第举行，但往往估价不实，吏胥作弊，百姓受其扰害。市易司先立于各都会，使诸牙侩计商人货物，四十取一，以十为率，六分入官，而以四分给牙侩，同时上都与隆兴（今江西南昌）诸路，亦各立市易司，以官钱买币帛，易羊马，选蒙古人牧之，收用其皮毛筋骨酥酪等物亦以十分为率，八分入官，而以二分给牧者。

第十节　元代都市

大都为天下商贾辐辏之所，举凡海内外各地所产珍品异物，均汇集于此，辇谷之下，人口殷庶，冠盖云集，城厢内外，街道纵横，市廛栉比，宫城附近，居民制造百物，专售宫中，以供御用，熙往攘来，状甚忙碌。至于城外，则繁华尤甚于城内，商贾既多，游宦寓公尤众，其间室家建筑之美，池馆台榭之胜，堪与城中颉颃。大都为全国交通中心，由大都以往各行省或由各行省至大都，均有大道通行，而大都之所以得成为全国政治与工业之中心者，实赖此种交通制度。大都以外，沿黄河流域之西安、太原、大同、涿州、临清州；沿长江流域之集庆路（南京）、镇江、扬州、苏州、杭州、潋浦、襄阳均为当时著名都市。至于珠江流域之广州、泉州贸易亦极繁盛。据伊本巴都达《游记》所载："泉州城甚大，为世界最大商港之一，城中织造天鹅绒及缎，品质均极优良，港中船舶极多，大者约有一百，小者不可胜记，其间回回商人，则另成一市。"观此，元代泉州工商业之繁盛，可以知矣。

第十一节　工艺之发达

《经世大典》曰："国家初定中夏，制作有程：乃鸠天下之工，聚之京师，分类置局，以考其程度而给之食，使得以专于其艺，故我朝诸工，制作精巧，咸胜往昔。"《元史工艺传》："阿尔尼格善书塑及铸金为像，其弟子有刘元者举西天梵像，亦称绝艺。至元中凡诸大名刹，塑土范金，搏换为佛像，出元手者，神思妙合，天下称之。搏换者，漫帛土偶上而髹之，已而去其髹帛，俨然成像云。"据此，知元代工艺以髹漆为最精，故陶宗仪《辍耕录》载其时髹器有黑光朱红镂水枪金银西皮诸法，今日吾国漆器著称世界，盖由元代逐渐进步，此亦治商业史者所当知也。

第十二节　木棉之广种

《大学衍义补》曰："汉、唐之世，木棉虽入贡中国，未有其种，民未有以为服也。宋、元间，始传其种，关、陕、闽、广首得其利，"

盖闽、广海舶通商，关、陕接壤西域故也。案《元史世祖本纪》，至元二十六年，置浙东、江西、湖广、福建木棉提举司，木棉一物，至设专官管之，其盛无疑。章有谋《景船斋杂记》曰："闽、广多种木棉，纺织为布，名曰吉贝。松江府东十里外，曰乌泥泾，其地田土硗瘠，民食不给，因谋树艺，以资生产，遂广种于彼，初无踏车弹弓之制，率用手剖去其子，更用线弦竹弧置案间振弹之，然功成甚难。元时有一媪名黄道婆者，自崖州归，乃教人造杆弹纺织之具，至于配色综线轧花，各有其法，故织被褥带巾等物，或有团凤棋局字样，粲然若写，人既传授，竞相制造，转货他郡，家亦就殷，未几，妪卒，众为立祠，岁时享之。"

第十三节　元之币制

元代货币有钱，有银，有钞；钱不常铸，其用视银钞为后；银之铸锭者，自平宋始，伯颜平宋回自扬州，检视将士行李所得银销铸作锭，每重五十两，名曰扬州元宝，此元宝之名所由来也。后又以辽东所得银铸辽阳元宝，其朝廷所铸者，统曰元宝，重四十八九两不等，而银之用亦不迨钞之广，终元之世计臣所经画者钞而已。钞法始于蒙古太祖时，太宗、宪宗迭仿其法，印造交钞，而未大行，世祖中统初始造中统元宝，交钞自十文至二贯，文凡十等，不限年月，诸路通行，赋税并听收用。世祖中统元年，始造交钞，以丝为本，每锭五十两，易丝钞千两，诸物之值，并从丝例，是年有又造中统元宝钞，其文以十计者四：曰十文，二十文，三十文，五十文；以百计者三：曰百文，二百文，五百文；以贯计者二：曰一贯，二贯，每贯同交钞一两，两贯同白银一两。又以文绫织为中统银货，其等有五：曰一两、二两、三两、五两、十两，每两同白银一两，而银货未能通行，至元十二年，增造厘钞二文、三文、五文三种。至十五年以厘钞不便于民，罢印。元宝交钞，行之既久，物重钞轻，二十四年，遂改造至元宝钞，自二贯至五文，凡十有一等，与中统钞通行，每一贯文当中统钞五贯文。至武宗时，复以物重钞轻，钞法日弊，改造至大银钞，自二两至二厘凡十三等，每一两准至元钞五贯，白银一两，黄金一钱，元之钞法，至是盖三变矣。仁宗即位，罢至大银钞，仍用中统、至元二钞，顺帝至正十年，以国用不给，更造至正交钞，与铜钱相权而行，至元钞，通行如故。然行之未久，物价腾涌，至逾十倍，又值海内大乱，军需不资，每日印造，不可以数计，而钞价大跌，京师钞十锭易斗粟尚不可得，所在郡县，皆以实物相交易，公私所积之钞，遂俱不行，人民视钞若敝纸，由是国用大乏，而元以亡。

第十三章　明之商业

第一节　太祖之商政

明太祖起自田间，故重本抑末，然当开国之时，其为政颇利商人，关市之征，由十一减至三十而一，又以民间农工商贾多不读书，遂命儒士编书教之，此实我国实业教科书最初之本，特惜其不传耳！兹将其商政略举于下：

一、禁和雇和买　和买起于宋，所谓和买者，先期给民钱，至夏秋输物于官，亦谓预买，至元而有和雇之名，大抵和雇和买，名异实同，其弊也，至于官不给值，而民仍输物，太祖诏令内外军民官司，并不得以和雇和买扰害于民。

二、平货物价值　凡民间市肆，卖买货物价值，须从州县亲民衙门，按月从实申报上司，以凭置办军需等项，照价收买，又各府州县，每月初旬取勘诸物，毋许高抬少估，上司收买，按时估两平给价，毋纵胥吏等作弊。

三、较勘斛斗秤尺　命在京兵马司指挥领市司，诏中书省，令在京兵马司，并管市司，每三日一较勘街市斛斗秤尺，稽考牙侩物价。

第二节　南京之商业

明都金陵，建立街巷，百工货物买卖各有区肆，如铜铁器则在铁作坊，弓箭则在弓箭坊，木器则在木匠营，以及锦绣颜料珠宝等类，无不各有专地，其规模之盛，可以想见。顾起元《客座赘语》曰"自大中桥而西，由淮浦桥达三山街，斗门桥以西，至三山门，又北自仓巷至冶城，转而东至内桥中正街而止，京兆赤县之所弹压也。其物力客多而主少，市魁驵侩，千百嘈哜其中，"顾氏又曰："南都浮惰者多，劬勤者少，衣丝蹑缟者多，布服菲屦者少，以是薪粲而下，百物皆仰给于贸居，而诸凡出利之孔，拱手以授外土之客居者。典当铺在正德前，皆本京人开，今则细缎铺、盐店，皆为外郡外省富民所据，而俗尚日奢，贸易之家，发迹未几，倾覆随之，"由此，知南京之商业最盛，多为外来之商，土著盖甚少也。

第三节　塌房之制

明初，京师军民居室，皆官所给，比舍无隙地，商贾至，或止于舟，或贮城外，驵侩上下其价，商人病之。太祖乃命于三山诸门外濒水为房,名塌房,以贮商货,其货物以三十分为率,内除一分官税钱,再出免牙钱一分,厉钱一分,与看守者收用,货物听客商自卖,其小民鬻贩者,不入塌房投税。成祖肇建北京,亦仿其制,于京城建塌房。仁宗时,御史罗亨信言在外州郡城市,多有豪猾军民,居货在家,一如塌房,请遣官点勘居货之家,每房一间,月追钞五百贯,后递减至二十贯。至景帝时,又定凡商客纺、罗、绫、锦、绢、布及皮货、瓷器、草席、雨伞、鲜果、野味等一切货物,依时估值,收税钞,牙钱钞,塌房钞若干贯及文,各有差,盖明代收塌房之税,固与货税并重也。

第四节　北京之繁盛

成祖迁都燕京,南方人物,俱随之而北,故山东巡抚陈济上言:"淮安、济宁、东昌、临清、德州商贩所聚,今都北平,百货倍往时,"此可知北方商业之盛,由成祖之迁都也。明时燕京极其繁盛,寻常之市,如猪市、羊市、牛市、马市、果木市、煤市各有定所。其按时开市者,则有灯市、庙市、内市等。灯市在东华门王府街东,崇文街西,亘二里许,南北二尘,凡珠、玉、宝器,以及日用微物,无不悉具,衢中列市棋置,数行相对,俱高楼,楼设氍毹帘幕,为宴饮地,一楼每日赁直至有数百缗者,夜则燃灯于上,望如星衢,每岁自正月初八日开市,至十八日始罢,(《燕都游览志》)庙市者,以市于城西之都城隍庙而名也,西由庙东至刑部街止,亘二里许,其市肆大略与灯市同,人生日用所需,精粗毕具,以致书画、古董,真伪错陈,每月朔、望及二十日开市,即曹入直之暇,下马巡行,冠履相错不绝也。(《燕都游览志》)初四、十四、二十四等日,则于东皇城之北有内市,然不及庙中之盛,诸门皆税课,而统于崇文一司,各门课钱,俱有小内使经管收纳,囊补骑驴,例须有课,车则计囊补多寡以为算,至于菜茹入城,乡民亦于鬓边插钱二文,以凭小内使经往摘取之,彼此不相问也(《旧京遗事》)。

第五节　明代之庙市

明柳人曾《游庙市记》云:"紫宫之西,贯索之南,爰建都市,合天众也。月之市者三,凡朔、望及下午三日,布市籍者,骆驿捆载,殷殷隆隆,万货川徙,充牣错峙,"观此,明代庙市之盛况,可以想见。明代庙市以北京城隍庙市最为繁荣,城隍庙市,月朔、望、念五日;东彌教坊,西逮庙廊庑,列肆三里,图籍之曰古今,彝鼎之曰商、周,匜镜之曰秦、汉,书画之曰唐、宋,珠、宝、象、玉、珍、错、绫、锦之曰滇、粤、闽、楚、吴、越者集。簪佩钩环之靡者害者,市无传也;其坛庙服用之器具则传器首宣庙之铜,次漆器、口古犀毗、剔红、戏金、攒犀、螺钿,市时时有,次纸墨,外夷贡者有乌斯藏佛,有西洋耶稣像,有香橙有倭扇等。(明刘侗《帝京景物略》卷四城隍庙市条。)

第六节　明代商税

　　明之商税，较诸元末，轻少简单，洪武十三年上论："凡婚丧用物及舟车丝帛之类免税，又蔬果饮食畜牧诸物免税。"成祖时，时节礼物，染练自织布帛，收买已税之物，舟车所运已税之物，铜锡器物竹木蒲草器物及常用杂物，均一概免税。永乐以后，商税之额量及种类，均逐渐增加，商品在市场中有营业税，在运输中有通过税，应税货物种类，则张务于官署之旁，开列名目，按而征之。凡应税之物，有隐匿不报者，一经查出，则罚取其货之半，没收入官。共所征之额，除本色外，有折色，折色除钱钞之外，更有金银。抽分局所税以竹木为主，而芦柴茅草薪炭亦在其内。税率自三分抽一，以至三十分抽二不等。河泊所税为鱼虾之类，所税之物为折色，或钞或钱或米，河泊所大河南北均有，其数二百五十有二。酒税之制，大抵为私造官征；而茶税之制，有官茶商茶，官茶间征课钞，而商茶收课之法，大略与盐税相同。盐税有中盐之法，由商人输粟于边，即准领盐若干引，是为纳米中盐之制；或由商人驱马至边，即准领盐若干引，是为纳马中盐之制。另有关市之征，据《明史稿食货五》载："关市之征，宋、元颇烦琐，明初务简约，其后增置渐多，行赍居鬻，所过所止各有税，其名物件悉榜于官署，按而征之，惟农具书籍及他不鬻于市者勿算；应征而藏匿者没其半，买卖田宅头匹，必投契本，别纳纸价。"至于办理商税机关，有都税、有宣课、有司、有局、有分司、有抽分场局、有河泊所，此类机关，凡京城诸门，及各府诸县市集多有之，共计有四百余所，其后以次裁并十分之七。

第七节　关于商贾诸法

明朝凡农家许着绸纱绢布，商贾之家，止许着绢布，如农民之家有一人为商贾者，亦不许着绸纱，（《明会典》）盖本汉法不许商贾衣丝乘车之意也。又凡城市乡村诸邑牙行及船埠头，准选有职业人户充应，官给印信文薄，附写客商船户籍贯姓名路引家号物货数目，每月赴官查照，私充者杖。诸物行人评估物价，或贵或贱，令价不平者，计所增减之价论罪。买卖诸物，两不相同，而把持行市，专取其利，及驵贩之徒，通同牙行，共为奸诈者杖，若见人有所买卖，在旁高下比价，以相惑乱而取利者笞；凡私造斛斗秤尺及作弊增减轻者官降，不如法者提调，官失勘者，其在市行使不经官司较勘印烙者，仓库官吏私自增减者官降，收支不平者监临，官知而不举，及失觉察者，凡造器用之物不坚固真实，及绢布等纰薄短狭而货卖者，各定罪有差。（《续文献通考》）盖皆循唐制也。

第八节　明代之钞法

明初置局铸钱，有司责民出铜，民毁器皿输官，颇以为苦，又鼓铸甚劳，奸民多盗铸而商贾转易，钱重道远，颇不便。太祖以宋有交会，元亦用钞，其法省便，易于流转，遂诏中书省造大明宝钞，命民间通行。其制以桑穰及太学诸生课稿废纸捣造，方高一尺，广六寸，质青色，外为龙纹花栏，横题其额曰：大明通行宝钞，其内上两旁，复为篆文八字，曰："大明宝钞，天下通行，"中图钱贯状，十串为一贯，其下楷书曰：中书省奏准印造，大明宝钞，与铜钱通行使用，伪造者斩，告捕者赏银二十五两，仍给犯人财产，洪武年月日。若五百文则画钱文为五串，余如其制，而递减之，其等凡六：曰一贯，曰五百文，四百文，三百文，二百文，一百文，每钞一贯，准钱千文，银一两，四贯准黄金一两，禁民间不得以金银物货交易，违者罪之。后又禁行钱，凡军民商贾所有铜钱，悉送赴官，敢有私自行使，及埋藏弃毁者罪之，然其法皆不行。天下税粮，仍以钱钞钱绢代输，民间交易，率用金银布帛。成祖及仁、宣诸帝，数立严法，命钞通行，而卒不得。英宗时严申法令，对宝钞怀疑不用者，罚万贯，全家充军，屡申法令，终鲜实效。至嘉靖四年，钞一贯仅折银三厘，犹是官家定率，私相授受，更有不及此率者。明之制钱，又有京省之异，京钱曰黄钱七十文值银一钱，后百文仅值五分。外省钱曰皮钱，百文值银一钱，后仅值四分，圜法之紊，盖前代所未有也。

第九节　钞关之制

宣德四年，以钞法不通，由商居货不税，遂于京省商贾凑集地，市镇店肆门摊，税课增旧凡五倍，雨京蔬果园，不论官私种而鬻者，塌房库房店舍居商货者，骡驴车受雇装载者，悉令纳钞，委御史户部锦衣兵马司官各一，于城门察收，舟船受雇装载者，计所载多寡，路远近，纳钞，钞关之设，自此始。其倚势隐匿不报者，物尽没官，仍罪之，于是有漷县、济宁、徐州、淮安、扬州、上新河、浒墅、九江、临清、北新诸钞关，量舟大小修广，而差其额，谓之船料，不税其货，唯临清、北新则兼收货税，御史及户部主事监收。自南京至通州，经淮安、济宁、徐州、临清每船百料，纳钞百贯。其后船钞之数，虽迭裁减，正嘉以降，亦不纳钞，而钞关之设如故也。

第十节　明之盐法

明之盐法，多沿元制。元代各路行盐之处，如河间、山东、陕西、河东、辽阳、两淮、两浙、福建、广东、广西、四川诸路，俱商贩而办其课，至岁额多寡，往往随时酌定，或以运司领其事，或兼辖于行御史台，及行中书中省。明初于产盐之地，均设官领之，而盐引税额，亦随时酌定。以所产之地，制法不同，解州之盐，风水所结，宁夏之盐，刮地得之，淮、浙之盐熬波，川、滇之盐汲井，闽、粤之盐积卤，淮南之盐煎，淮北之盐晒，山东之盐有煎有晒，故课亦各有多少也。

第十一节　茶马之法

番人嗜乳酪，不得茶则困以病，故唐、宋以来，行以茶易马法，用制羌戎，而明制尤密，有官茶有商茶，皆贮边易马。初，太祖令商人于产茶地买茶纳钱请引，引茶百斤，输钱二百，不及引曰畸零，别置由帖给之。无由引及茶引相离者，人得告捕，置茶局批验所，称较茶引不相当，即为私茶，私茶出境，与关隘不讥者并论死。又定令凡买茶之地，令宣课司三十取一。据当时户部调查，陕西、汉中、金州、石泉、汉阴、平利、西乡诸县，茶园四十五顷，茶八十六万余株，四川巴茶三百十五顷，茶二百三十八万余株，令每十株，官取其一。无主茶园，令军士薅采，十取其一，以易番马，太祖从之，于是诸产茶地，设茶课司，定税额，陕西二万六千斤有奇，四川一百万斤。设茶马司于秦、洮、河、雅诸州，计行茶之地，达五千余里，西方诸部落，无不以马售者。厥后又从四川茶盐都转运使之请，永宁、成都、筠连并立茶局，是为明初茶市之盛。成祖时更有马市三所：一在开原南关，一在开原城东五里，一在广宁，定置四等，上直绢八匹，布十二，次半之，下二等各以一递减，既而废其二，唯存开原、南关，是为明初马市之盛况。茶马二市，原为明代驭边之商业政策，唯其后吏多不职，驭边之法大乖，反为招祸纳侮之阶梯，终明季而未已，是可知为政之在得人也。

第十二节　万历中病商之政

明代弊政，无过万历之时，自两宫三殿营建费不赀，始开矿增税，而天津店租，广东珠榷，两淮余盐，京口供用，浙江市舶，成都盐茶，重废名木，湖口、长江船税，荆州店税，实坻鱼华及门摊杂税，油布杂税，中官遍天下，视商贾懦者，肆为攘夺，没其全赀，负载行李，亦被搜索。又立土商名目，穷乡僻坞，米盐鸡犬，皆令输税，所至数激民变。包汝楫《南中纪闻》曰："宗室错处市廛者甚多，经纪贸易，与市民无异，通衢诸绸帛店，俱关宗室，间有人携负至彼开铺者，亦必借王府名色。"失开铺必借王府名色，则非王府人不得开铺可知矣。

第十三节　明之货殖家

明之货殖家，以沈万三为最著，万三，湖州人，事吴贾人陆某，甚见信用，陆富甲江左，一日欢曰："老矣，积而不散，以酿祸也。"遂尽与沈家，为道士，沈拥其赀，交通诸番，富遂敌国，尝为太祖犒军，兼筑都城三之一，太祖忌而欲诛之，以马后谏，仅谪戍云南。(《彤史拾遗记》)《苏州府志》曰："阊门有孙春阳南货铺，天下闻名，春阳，宁波人，明万历中，甫冠，应童子试，不售，弃举子业来吴门开一小铺，其铺如州县署有六房，曰南北货房，海货房，腌腊房，医货房，蜜饯房，蜡烛房，售者自柜上给钱，取一票自往各房发货，而总管者掌其纲，一日一小结，一年一大结，自明至今数百年，子孙尚食其利，无他姓顶代者。"孙氏治商，规模宏大，井井有条，深合现今大经营之组织也。

第十四章　明代中外互市

第一节　明初市舶之制

明初海外诸国入贡，附载方物，与中国贸易，因设市舶司，置提举官以领之。市舶司初设于太仓、黄渡；后改设于宁波、泉州、广州。宁波市舶司专掌日本通商事宜，泉州市舶司专掌琉球通商事宜，广州市舶司专掌占城、暹罗、西洋诸国通商事宜。朝贡附至番货欲至中国贸易者，官抽六分给价赏之，仍免其税，泛海客商，船舶到岸，将宝物尽实报官抽分，不得停塌沿港土商牙侩之家，违者有罪。洪武二十七年，倭寇浙东，太祖以海外诸国多诈，绝其往来，唯琉球、暹罗许入贡，命礼部严禁缘海之人，私下诸番贸易，违者必置之法，凡番香番货皆不许贩鬻，其见有者，限以二月销尽，其两广所产香木，听土自用，亦不许越界货卖，然沿海之人，嗜利冒禁，初未尝绝也。永乐初，西洋、剌泥等国来朝，附载胡椒，与民互市，有司奏请征税，帝不许，三年，以诸番贡使益多，乃置驿于福建、浙江、广东三市舶司以馆之，福建曰来远，浙江曰安远，广东曰怀远。寻设交趾、云南市舶提举司，掌西南诸国朝贡互市之事。

第二节　郑和下西洋

　　史称三保太监下西洋，为明初盛事。三保太监者，郑和也。永乐三年六月，奉成祖命通使西洋，将士卒二万七千八百余人，多赍金币，造大舶，修四十四丈，广十八丈者六十二，自苏州、刘家河沿海，至福建，复自福建五虎门扬帆，首达占城，以次遍历诸国，宣天子诏，因给赐其君长，不服，则以武摄之。永乐五年九月，和还率诸国使者朝见。六年九月，再往锡兰山，国王亚烈苦奈儿诱和至国中，索金币，发兵劫和舟，和觇贼大众既出，国内虚，率所统二千余人，出其不意攻破其城，生禽亚烈苦奈儿及其妻子官属，劫和舟者闻之，还自救，官军复大破之。九年六月，献俘于朝，帝赦不诛，释归国。是时交趾已破灭，郡县其地，诸邦益震詟，来者日多。十年十一月，复命和等往使，至苏门答腊，其前伪王子苏干剌者，方谋弑主自立，怒和赐不及己，率兵邀击官军，和力战追擒之喃渤利并俘其妻子，十三年七月还朝。十四年冬，满剌加、古里等十九国咸遣使朝贡，辞还。复命和等偕往，赐其君长，十七年七月还。十九年春复往，明年八月还。二十二年正月，旧港酋长施济孙请袭宣慰使职，和赍敕印往赐之。洪熙元年二月，仁宗命和以下番诸军守备南京，南京设守备，自和始也。宣德五年六月，帝以践阼岁久，而诸番国远者，犹未朝贡，于是和复奉命，历忽鲁谟斯等十七国而还。和经事三朝，先后七奉使，所历占城、爪哇、真腊、旧港、暹罗、古里、满剌加、渤泥、苏门答腊、阿鲁、柯枝、大葛兰、小葛兰、西洋琐里、琐里、加异勒、阿拨把丹南巫里、甘把里、锡兰山、喃渤利、彭亨、急兰丹、忽鲁谟斯、比剌、溜山、孙剌、木骨都束、麻林、剌撒祖法儿、沙里湾泥、竹步、榜葛剌、天方、黎代、那孤儿，凡三十余国，所取无名宝物，不可胜计，而中国所费亦不赀。按和之奉使，盖以通商为主，《西洋朝贡典录》称："和至古里，其王遣头目哲地见使者，择日论价，将中国锦绮百货议定，乃书合同价数各存之，头目哲地与正使众手相拿，其牙人言曰，某月日，众手拍一掌无悔，哲地始携珊瑚珍珠宝石来价，二三月方定，凡算番物若干该纻丝等物若干，照原打之货交易，"此和与外国交易之证也。

第三节　明代之朝贡贸易制度

明代朝贡制度，贡朝有二年一贡（琉球）、三年一贡（安南、占城、高丽等）、十年一贡（日本）等之规定，而通常多半系三年一贡。贡道各地有不同之规定，人船之数，自亦加以限制。洪武十六年礼部制定勘合制度，辨别贡舶之真伪，贡使到京后，即赴会同馆安息，朝见赏赐诸事完毕，则立刻使之就途归国，若贡使于正贡外，有携来之附属货物，许其从赏赐完毕之日起三日或五日间，在会同馆开市交易。会同馆互市之外，市舶司所在地，又有市舶互市，已详前节，兹不赘述。夫外人来华，往往借朝贡之名，行互市之实，至于中国，则对于朝贡非常重视，对于互市反不甚注意，而当朝贡之际，于贡品之外，尤斤斤于礼节，此中外对于朝贡用意之不同也。

第四节　澳门之租借

明初暹罗、占城、爪哇、琉球诸国，皆在广州互市。正德中，移于高州电白县，后又移于澳门。其始至澳门者葡萄牙人也，而《明史》则以为佛郎机。史云："佛郎机近满剌加，正德中据满剌加地逐其王（此实葡萄牙事）十三年，遣使臣加必丹末等贡方物，请封，始知其名，诏给方物之直，遣还，其人久留而不去。武宗南巡，其使火者亚三因江彬侍帝左右，帝时学其语以为戏，武宗崩，亚三相继死，绝其朝贡，其将别都卢率属寇新会，稍州指挥柯荣等败之，夺其炮，即名为佛郎机。"初，广东文武官月俸多以番货代，至是货至者寡，巡抚林富上言："粤中公私诸费，多资商税，番舶不至，则公私皆窘，今许佛郎机互市，有四利焉：往时诸番常贡外，原有抽分之法，稍取其余，足供御用，利一；两粤比岁用兵，库藏耗竭，借以充军饷，备不虞，利二；粤西素仰给粤东，小有征发，即措办不前，若番舶流通，则上下交济，利三；小民以懋迁为生，持一钱之费，即得辗转贩易，衣食其中，利四；助国利民，两有所赖，此因民之利而利之，非开利孔为民祸也。"从之，自是佛郎机得入香山澳为市，而其徒又越境商于福建，往来不绝。其市香山澳、壕境者，至筑室建城，雄踞海畔，若一国然。壕境在香山虎跳门外，嘉靖十四年，指挥黄庆纳贿，移诸国互市于壕境岁输课二万金，佛郎机遂得混入，高栋飞甍，栉比相望，闽、粤商人，趋之若鹜，久之，其来益众，诸国人畏而避之，遂专为所据。（《澳门记略》：澳门西洋族自嘉靖三十年来此，岁输廛缗五百一十又五，又曰：三十二年，番舶托言舟遇风涛，愿借壕境地，暴诸水渍贡物，海道副使汪柏许之，初仅茇舍，商人奸利者，渐运瓴甓，椟栋为室，此租借澳门之原始也。）四十四年伪称满剌加，已改称蒲都丽，家臣闻诸上，议必佛郎机假托，乃郤之。按蒲都丽即葡萄牙，明人误以为佛郎机，虽经葡人声明，而犹不承认，可见其时间于处情矣。

第五节　澳门之商业及主权

《明史》称番人既筑城聚海外杂番，广通贸易，至万余人，吏其土者，皆畏惧莫敢诘，甚有利其宝货，佯禁而阴许之者。《澳门记略》谓："万历中，香山知县蔡善继尝条议制澳十则，澳弁以法绳夷人，夷哗，将为变，善继单车驰往，片言解散，缚悍夷至堂下，痛笞之。总督张鸣冈又就各树榜以畏威怀法四字，门借东西，各十号，使互相维系，讯察毋得容奸一聪约束，"可知明时澳门之商业，虽有外人杂居其地，而主权仍在我也。《明史》又称："其人长身、高鼻、猫睛、鹰嘴、拳发、赤须，衣服华洁，市易但伸指示数,虽累千金,不立契约,有事指天为誓,不相负,"是葡人之俗,可以考见者也。

第六节　台湾之开关

台湾于古无考,相传郑和使西洋时,尝至其地,其后有莆田周婴,著远游编载东番一篇,称其地为台员,是为台湾见诸记载之始。至荷兰居其地,始事耕鉴,设阛阓,称台湾焉。《明史》曰:"和兰又名红毛番,地近佛郎机,其人深目长鼻,发眉须皆赤,足长尺二寸,颅伟倍常。"万历中,福建商人岁给引往贩大泥、吕宋等国,和兰人就诸国转贩,未敢窥台湾也。自佛郎机市香山,据吕宋,和兰人闻而慕之,驾大舰,携巨炮,薄香山澳,言欲通互市,澳中人谨防御,始引去,海澄人李某及奸商潘某、郭某久居大泥,与和兰人习,语其酋麻韦郎曰:"若欲通贡市,无若漳州者,漳南有澎湖屿,去海远,诚夺而守之,贡市不难成也,"酋曰:"善,"即驾二大舰,抵澎湖,伐木筑舍,为久居计,时万历三十二年七月也。后又侵夺台湾地,筑城其中,又筑城澎湖,求互市。天启四年,巡抚南居益大发兵讨之,番人弃澎湖去,而其据台湾者犹自若也。崇祯中为郑芝龙所破,复驾四舶,由虎跳门薄广州,声言求互市,其酋招摇市上,奸民视之若金穴,盖其国土既富,遇中国货物当意者,不惜厚资,故华人乐与为市,后为总督张镜心驱斥,乃遁去,而据台湾自若,至前清,始为郑成功所逐云。

第七节　南洋各地之市易

明代欧人东来之时，吾国闽、粤人之商于南洋者正伙，苟其时朝廷知拓疆殖民之法，未始不可杜欧人之觊觎，而大张吾国之海权也。今撷《明史外国传》所载吾国人经商各地之事实，以饷学者，俾知南洋华侨之所由来焉。

（一）吕宋　吕宋居南海中，去漳州甚近，闽人以其地近且饶富，商贩者至数万人，往往久居不返。佛郎机既据其国，其国遣一酋来镇，虑华人为变，多逐之，归留者悉被侵辱，然华商嗜利，趋死不顾，久之，复成聚。吕宋人声言发兵侵旁国，厚价市铁器，华商贪利，尽鬻之，于是家无寸铁，酋乃下令录华人姓名，分三百人为一院，入即歼之，先后死者二万五千人，其后华人复稍稍往，而蛮人利中国互市，亦不拒，久之复成聚。

（二）合猫里　合猫里，海中小国也，又名猫里务，近吕宋，商舶往来，成富壤，华人入其国，不敢欺凌，市法最平，故华人为之语曰："若要富，须往猫里务。"

（三）美洛居　美洛居地有香山，雨后香堕，沿流满地，居民拾取不竭，其酋委积充栋，以待商船之售。东洋不产丁香，独此地有之，可以辟邪，故华人多市易。万历时，佛郎机红毛番横行海上，争美洛居，岁构兵，人不堪命，华人流寓者，游说两国，乃各罢兵，中分其地。

（四）沙瑶池　沙瑶池，近吕宋，物产甚薄，华人商其地，所携仅瓷器锅釜之类，重者至布而止。

（五）波罗　波罗又名文莱，东洋尽处，西洋所自起也。郑和使波罗，有闽人从之，因留居其地，竟据其国而王之。

（六）真腊　真腊民俗饶富，盛食以金盘金碗，故有富贵真腊之谣。番人杀唐人罪死，唐人杀番人则罚金，无金则鬻身赎罪。唐人者，诸番呼华人之称也，凡海外诸国尽然。

（七）暹罗　暹罗国周千里，风俗劲悍，自王至庶民，有事皆决于其妇，交易用海𧵅，是年不用海𧵅，则国必大疫，其国有三宝庙，祀中官郑和。

（八）爪哇　爪哇国近占城，地广人稠。人有三种，华人流寓者，服食华美，他国贾人居久者，亦尚雅洁。土人最污秽。其国亦名莆家龙，又曰下港。万历时红毛夷筑土库于大涧东，佛郎机筑于大涧西，岁岁互市，中国商旅，亦往来不绝，其国有新村，最号饶富，中华及诸番商舶辐辏其地，宝货充溢，其村主即广东人。

（九）三佛齐　三佛齐亦曰旧港。有梁道明者，广州南海县人，久居其国，闽、粤军民，帆海从之者数千家，推道明为首，雄视一方。永乐三年，成祖以谭行人与道明同邑，命偕杨信等赍敕招之，道明及其党郑伯可随入朝，贡方物，受赐而还。四年，旧港头目陈祖义遣子士良、道良，及从子观政并来朝。祖义亦广东人，虽朝贡而为盗，海上贡使往来者苦之。五年，郑和自西洋还，遣人招谕之，祖义诈降，潜谋邀劫，有施进乡者，告于和，祖义来袭，擒献于朝，伏诛时，进乡适遣婿邱彦诚朝贡，命设旧港宣慰司，以进乡为使，锡诰印及冠带，自是屡入贡，然进乡虽受朝命，犹服属爪哇也。

（十）浡泥　浡泥在旧港之西，初属爪哇，后属暹罗，改名大泥，华人多流寓其地；嘉靖末，闽、粤海寇遗孽，逋逃至此，积二千余人。

（十一）满剌加　满剌加在占城南，男女椎髻，身体黝黑，间有白者，唐人种也，俗淳厚，市道顿平，自为佛郎机所破，其风顿殊，商舶稀至，多直诣苏门答腊，然必取道其国，率被邀劫，海路几断。其自贩于中国者，则直达广东香山澳，接迹不绝云。

（十二）苏门答腊　苏门答腊，西洋要会也。国俗颇淳，贸易称平，四方商贾辐辏，华人往者，以地远价高，获利倍他国。

（十三）苏禄　苏禄，有珠池，夜望之，光浮水面，土人以球与华人市易，大者利数十倍，商舶将返辄留数人为质，冀其再来。

（十四）柔佛　柔佛近彭亨，华人贩他国者，多就之贸易，时或邀至其国。

（十五）丁机宜　丁机宜，爪哇属国也，华人往商，交易甚平。

呜呼，有明一代，东西两大民族角逐之时期也！炎荒瘴海，重溟绝险，吾人昔视为化外，目为畏途者，至是皆关为利薮，此时我族势力，远出欧人之上，而招携栖息于其间，顾彼以后进而日隆，吾以先驱而反挫，可概也夫！

[第三编] 近世商业及现代商业

第一章　清之商业

第一节　清入关前之商业

清之肇兴东土，以提倡商业为其基础，未入关以前，太祖即开抚顺、清河、宽甸、瑷阳四关口，与明互市，所济甚众。太宗天聪元年，关东大饥，斗米银八两，人有相食者，国内银虽多，无处贸易，是以银贱而诸物腾贵，良马一匹银三百两，牛一银百两，蟒缎一银百五十两，布一银九两。明年，与朝鲜约布帛，一年后与朝鲜互市，设监市官，迨朝鲜降服，交市益盛，特定漏税私商之条，以裕国计，是太祖亦以注重商业为改革矣。

第二节　恤商之政令

圣祖继世祖之后，与民休息，凡百秕政，次第革除，商业受益匪浅，如各关抽分溢额者，向例加与纪录。康熙四年，特令悉照定额抽分，免溢额议叙之例。又严禁各关达例收税，或故意迟延揩勒，并禁地方官吏滥收私派科道督府失察者，并须坐罪。五年，命于征收关税处，缮具税则，刊刻木板，以杜吏役滥收。二十三年，饬禁各处榷关稽留苛勒。二十四年命光禄寺置买各物，俱照实价估计，定为条款，又谕江、浙、闽、粤海关，免沿海捕采鱼虾及民间日用货物之税，洋船海船，但收货物征税，蠲免杂费。四十三年，谕禁直省私设牙行，并饬户部造铁斛升斗颁行，以杜欺诈，此圣祖恤商之政也。雍正元年，诏部臣核减各关盈余，并裁淮安、凤阳等九关所增盈余之款。二年赣抚裴度请厘定湖口盈余，奏请解部，世宗以为数过多，必至额外剥削商民，乃谕令征收关税，不可定求足数，又令各关将应税货物征收则例，逐项刊刷详单，遍示津口，从前竖立木板不许藏匿遮盖，此世宗恤商之政也。乾隆元年，严牙行侵吞商客资本之禁，并以各省关税，每多无名之征，并令厘剔裁减。六年谕各省督抚，凡关榷口岸报部有案者，照旧设立，私行增添者，著详查题报，嗣后不准达例苛索，督抚失察，照例办罪。又以当时各关正额尽收尽解，复恐司榷者卢干部驳，逐岁增加，乃谕部臣每年所报盈余之数，稍有不及，不可批驳。七年，免直省豆米麦税，此高宗恤商之政也。

第三节　重农轻商之政策

清代盛时，虽时颁恤商之政令，然仍采重本抑末之政策，奖励稼穑，政令皇皇，昭告国人。康熙二十九年上谕，曰："阜民之道，端在重本，"三十九年七月，谕户部"国家要务，莫如贵粟重农"。雍正二年，谕各省督抚曰："四民以士为首，农次之，工商其下也。农民勤劳作苦，以供租赋，养妻子，其敦庞淳朴之行，岂唯工商不逮，亦非不肖士人所能及。"又令州县岁举勤劳俭朴之老农一人，给以八品顶戴，以示鼓励。七年谕户部农事为国家首务。乾隆二年五月，谕农桑为政治之本，又曰："朕欲天下之民，使皆尽力南亩，历观三朝，如出一辙，"故清代重农抑商，虽不若古代之甚，而欲人民舍商业农，昭然若揭，全国人士，复以为四民莫贵于士，而以商居四民之末，朝野上下，均不知以重商为务，故虽圣祖革除病商之政，与民休息，而高宗之时，版图日广，生齿日繁，物价低廉，民力饶裕，而商业仍未能振兴也。

第四节　国内商业之状况

洪承畴言于世祖："南夷之通商，不异西戎之马市，夷人贪而无亲，求而不厌，假令姑允通商海口，则数十年后又议通商中夏矣，假令姑允通商中夏，则数十年后又议通商朝市矣。"其于外人积极进行之主义，昭然若揭，世祖韪之，故自顺治以逮道光之初，严守夷商入腹地之禁，遂为吾国闭关保守时代。此时代中，国内之商业，可分之为三大期：一、商业养育期，（康熙时代）圣祖承世祖之后，与民休息，革种种困苦商民之弊；二、商业繁盛期，（乾隆时代）版图生齿，倍于雍正，承平日久，民力饶裕，工值廉，物价平，富商大贾，满于海内；三、商业衰退期，（嘉道时代）内乱渐作，湖北、四川教匪起，蔓延湖南、陕甘。十九世纪外人之膨胀力，疾趋而东。

至于市场，除京师百货所集，当推四大镇。

一、河南朱仙镇（属今开封县）　此镇扼水陆交通要冲南船北马，分途于此。

二、江西景德镇（属今浮梁县）　此镇素以瓷器名，所出瓷器，连销全国，商业亦有可观。

三、湖北汉口镇（属今夏口县）　此镇乃长江上下游总汇，未通商以前，商业已盛。

四、广东佛山镇（属今南海县）此镇距广东省治不远，贴近珠江，位置滨海，为南亚之门户，得风气之先，该地贸易，夙称兴盛。

浙江之杭州、江苏之苏州为东南精华所萃，市肆林立，商业繁盛，此外各省之省会，均为各省政治中心，亦必为商业之中心。

当代商家以豪富鸣者，有山西之票商，与扬州之盐商。扬州为两淮盐商会集之所，有场商、运商，盐商其统称也。场商有宠户，收买出产之盐，堆集于十二圩，以待运商运往引地。十二圩为盐船停泊之所，即淮商总机所在地也，扬州之盐商，资财各以钜万计，处南北河运之中衢，士流之归往者，方诸战国之四君，至今犹为社会所称道。至山西之票商当另节述之。

第五节　清代庙市

清代庙市在数量上大为增加，就北京一地而言，比明代为多，大别可分为二：（一）每月开数次者，枝巢子《旧京琐记》市肆条谓："市师之市肆，有常集者，东大市西大市是也；有期集者，逢三之土地庙，四五之白塔寺，七八之护国寺，九十之隆福寺，谓之四大庙市，皆以期集。"又《宸垣识略》谓："崇国寺……每月逢七八两日有庙市""火神……每月逢四日""大慈悲寺……每月逢五六日有庙市"；（二）每年开一次者，《燕京岁时记》都城隍庙条谓："都城隍……每岁五月初一日起庙市十日"，《宸垣识略》谓："都灶庙……每年八月初一、初二、初三庙市，"又"太平宫……每岁三月初一、初二、初三日庙市"。许多庙市之兴起，直接影响城隍庙之衰落。《燕京岁时记》都城隍庙条谓："都城隍庙……每岁五月初一日起，庙市十日，市皆儿童玩好，无甚真奇，游者鲜矣"。明代繁盛一时之庙市，至是亦不过一儿童玩具摊而已。

清代庙市，在城市中因应社会之需要，常年开放者，如苏州玄妙观、上海城隍庙、南京夫子庙等。每年开放一次者，如上海静安寺之浴佛节庙市是。但各处乡村间，尚有许多原始型之庙市，如淮阳之太昊庙会，徐海十二县七十二个庙会，及其他各省乡村间庙会等是。此等庙市，入民国后，仍多存在。

第六节　中英互市之交涉

康熙初年，英人常往来贸易于澳门、厦门及台湾，因有各种妨碍，皆未能满意。康熙二十四年，海禁大开之后，英人由东印度公司之力，获得在广东设一商馆之权利。二十八年，始得正式遣派商船来粤，其船又常至宁波。二十七年，宁波关监督以定海港澳阔深，水势平缓，堪容番船，亦通各省贸易，请设关署。然英人之来宁波试行通商也，资本过重，获利颇微，其结果归于失败。乾隆二十年，英商洪任辉又来宁波请开港，不许，乃自海道入津，仍乞通市宁波，并控告粤海关之陋弊，遂受圈禁。澳门，乾隆五十年间，英船炮手，因伤毙华人之案，被华官绞死，以及公行拖欠洋商债务甚重，英国政府，因欲巩固远东商务之地位，一七九二年五月三日遣派马戛尔尼卿来使，于波士牧出发，东印度公司对于马氏之行，不免有所疑惧，恐政府主张如过急进，触怒中国政府，或至停止贸易。马氏至华后，甚保持王者大使之威严，唯终亦未能如今日外交界之人员完全脱去贸易行为之气味，其日记有云："苟于抵舟山后装载商货若干回英发卖，亦未始非吾英商务推广于中国舟山之先声也。"至华人当时眼光，则纯以贡使视之，贡使当时之义，谓来朝而兼来市者，故其船停泊之时，曾有华官多人，间其有无钟表及刀剑，可以出卖，事实上英人罕来中国，贡使从人，亦不免为交易之事，如其甲必丹、麦金吐司亦携时表数事，拟于归途出广东时发卖者，后为马氏转购，为进呈及分送之用，即马氏致和相说帖亦请允许甲必丹在舟山购买茶叶，及他种土货，并船上员役等人，带来货物与舟山华民买卖。至马氏来使之目的，盖设立使馆一节，为最急之要求，当时以为先求设使，其他商务条款，可以随后讨论，朝廷却之，然辞极婉转。马氏以后，又开列六款：

第一款　请中国允许英国商船在舟山、宁波、天津等处，经营商业。

第二款　许在北京设行。

第三款　舟山附近划一小岛，归英人使用。

第四款　广州附近亦得同等之权利。

第五款　从澳门至广州之商货，赐予免税。

第六款　中国所定税率之外，不行另外征收。

乾隆对于以上要求，逐条驳答，辞气极厉，然马氏此行，朝廷相待之礼至优，自北京前往舟山所用各项大小船只，凡四十艘，执事之人，自大员至苦力船户为数约一千，此项费用，皇帝规定，每日以五千两为限，倘或不敷，由沿途地方供给。其居北京时每日费用至一千五百两，随从人员常赐甚优。至英国方面费用，亦达八百万镑云。

第七节　中俄互市之交涉

中、俄在政治上互市，虽始自清朝，而两国交通，则始自明朝。明穆宗隆庆元年，俄国派遣大使彼德罗夫与亚力息夫来中国，要求互市，我国不许，后顺治十二年、十三年、十七年，及康熙九年所派使臣，皆为商人兼之，或以商人随行者。及俄人锐意经营雅克萨城，谋盘踞黑龙江一带之地，康熙二十一年，遣将率师征之，毁雅克萨城而归，事后俄人乞和，当于二十八年成立《尼布楚条约》。《尼布楚条约》第五条，谓："嗣后往来行旅，如有路票（护照），聪其交易，"是为准俄人互市之始，亦即中国与外国订约之始。自立此约以后，唯俄国以贸易之需路票，终觉不便，康熙三十二年，俄大彼得皇帝又派伊德司来华，要求自由贸易，清廷初以国书体裁不合，与贡物一并退还，后以伊德司改国书为奏章，康熙遂照常颁赐，许其通商，规定俄国商队三年得至北京一次，每队以二百人为限，得在俄罗斯馆留住八十日，贸易免税。但俄国仍觉不满，乃于康熙五十八年，又派义斯麻伊儿来中国，请改商约，清廷不置答，俄使因不得要领而退。雍正五年，俄女皇加德麟第一，遣使臣萨华来京，申请通商，诏令以郡王策陵，内大臣色格等与俄使在恰克图订立条约，（此约在吾国生命最久，至咸丰八年，始失效）约中第二条："以恰克图为通商之地，"第四条："俄国商人得三年一至北京贸易，但人数以二百名为限，留京不得过八十日，往来当有官定之路径，不得迂道他往，违者没收货物。"其后市场时开时闭，至乾隆五十七年，在恰克图、买卖城互换新约，约中有三条，涉及商务，在其时恰克图遂为中、俄贸易之重要商场。唯此期之贸易品，均严禁银货及金钱之交换，仅以物物相交易，中国商人挟丝茶棉布等以去，而换取俄人之羽纱皮货等物以归。

第八节 国际贸易

第一款 公行制度

公行制度，成立于康熙五十九年，为粤商所组织，专为中外商人之经营进出口贸易者之介绍人，并为划定市价，后得政府承认，取得对外贸易之专利权，所谓十三行者是，公行制度，至此遂得发展至完成程度。其时因清廷允准国外贸易之经营，只能限于广州一地，所以公行亦仅广州有之。公行之职务，可分为三：一、凡外商在广州贸易，必得行商之担保，买卖货物，皆须向行商接洽，不得自行直接交易，其市价由行商规定；二、外国贸易之进出口税，由行商支付，而行商则自外国贸易征从价税百分之三，作为代付进出口税之取偿及公行之公款，至行商所负外商之债务，亦由公行担保；三、为政府与外商之中间人，凡政府命令及外商呈文，均须经由其手，上呈下递，因而外商之是否遵守通商规定，政府亦责成行商担任。外人经商广州，在公行制度之下，行动不能自由。

第二款　商馆制度

广州外人，于城外西南河岸，向公行租得房屋若干，占地二十一英亩，开设商馆，在中国政府监督之下，经营贸易，外人所设之此项商馆，因由于向十三洋行租得，所以商馆之数目，亦为十三。但每家商馆中所容纳之外商，则其数目不等，而此十三商馆中之外商总数，则共有五十六家，就中有三十一家属于英国，九家属于美国。葡萄牙、瑞典、荷兰、德国各有一家，此外尚有回教徒所设者，计十一家。十三商馆之外国原名，如下：

（1）Greek Factory

（2）Dutch or Kai-yi Factory

（3）English, or Paouh Factory

（4）Chow-chow or Fung-tai Factory

（5）Old English or Lung Shun Factory

（6）Swedish or Sni-hang Factory

（7）Imperial or Ma-ying Factory

（8）Poon-Shun Factory

（9）American or Kwang Yuen Factory

（10）Ming-que Factory

（11）French Factory

（12）Shanish Factory

（13）Danish Factory

中国对商馆订有规例，在馆外商，必须遵守，即：一、外国兵舰不许进口；二、馆中不得留有女妇枪炮；三、领港人及买办等须向澳门华官登记，外国商舶除在买办监视之下以外，不得与其他商民交易；四、外人与我国官吏交涉，必须经由公行，不得直接行动；五、外人买卖须经行商之手，即居住商馆者亦不得随意出入；六、外国商舶得直接航行黄埔停泊处，以河外为限，不得逾越；七、行商不准负欠外人债务；八、通商期过，外人不得留住广州，通商期内，货物购齐，即须装运，不得逗留。

第三款　关税制度

清圣祖康熙二十三年，于江、浙、闽、粤四省，分设海关，其设于广州者名曰粤海关，任命粤海关监督，掌管中外贸易事宜，而外人则称之为 Hoppo（户部之音译），因当时征榷事宜，统由户部掌理，海关监督为户部所委，所以含有代表户部之意思。自粤海关成立，纳税手续，大致如下：外国商舶进口，先寄泊澳门，入港时雇领港人一、翻译一、买办一，再到虎门候关吏量船照章丈抽，此时即缴纳船钞，然后到黄埔卸货。当时西洋船依大小分为三等：一等船课船钞七两七钱七分七厘，二等船七两一钱四分二厘，三等船五两，此外尚有附加税、杂课、及手续费等。至于商舶之不进黄埔，而即在澳门卸货者，则所付船钞，只等于在黄埔所纳之半数，但每船须付行商银二五二〇两，作为在其所统辖之范围以外自由通商之特别费用。船钞以外，尚有进出口税，大率进口税常为百分之十六，而出口税则常为百分之四，但此项税率，所纳之税，并非由外商直接缴纳，乃由行商代付，而此时外商所交付与行商者，大率为从价百分之三十之数，交付以后，外商即不过问，其实际税额，缴纳几何，则由行商与海关监督约定，局外人无从探悉，中饱之数，往往超过征税额数倍之多。

第四款　进出口贸易状况

当时进口货以鸦片、棉、丝、布类、象牙、羊毛织品等为大宗，至于出口货，则以丝、茶、绸、缎、土布、砂糖、木棉等为大宗。在进出口贸易之中，出口货以茶为最要，然因乾隆二十四年禁止私运出洋以后，出口之数锐减，至于进口货，则以鸦片为主要，在清高宗乾隆三十九年以前，中国鸦片贸易，完全为葡萄牙所独占，乾隆三十九年以后，英人始自印度首都加尔各答运鸦片至中国贸易，此后鸦片贸易，既入英人掌握，营业日盛。至乾隆五十五年，印度鸦片运入中国者，岁额达四千零五十四箱。嘉庆九年，两广总督，请颁烟禁，于是中国政府重申雍正八年之禁令；并订有极严重之处罚条例，其后颁最后禁令，不准入口，并严禁种植，于是广州吸食鸦片之风稍衰，但实际上外人私运者甚多。清初欧洲入贡之国，如荷兰与葡萄牙贡品甚多，最重要者，为荷兰之珊瑚镜、哆啰绒、织金毯、哗机缎、自鸣钟、丁香、檀香、冰片、琥珀、鸟枪、羽缎、琉璃灯、琉璃杯、豆蔻、葡萄酒、象牙，葡萄牙之珊瑚、珠、宝石、玛瑙盒、云母盒、玳瑁盒、金丝缎、金银丝缎、金花缎、洋缎、羽毛缎、哆啰呢、洋刀、手枪、自来火、葡萄酒、衣香等。欧人在华商业势力，自英人继葡萄牙、西班牙、荷兰三国崛起以后，中国对外贸易，全为英人所独占。但自乾隆五十三年以后，形势变迁，欧人在华之商业势力，除英人以外，如瑞典、丹麦、法国亦渐趋兴隆，而西班牙与荷兰亦复乘时兴起，美国亦占相当之地位焉。

第九节　鸦片贸易之战争

鸦片自明季流入中国，康熙初，以药材入口，无吸食之者。至乾隆年间，闽、粤吸食渐多，嘉庆之时，虽有禁止，而奉行不力，输入日增。道光十六年，总额达二万七千余箱，国计民生，蒙祸甚烈，于是有提议严塞漏卮者，鄂督林则徐言尤切，略谓："烟不禁绝，国日贫，民日弱，数十年后，匪唯无可筹之饷，抑且无可练之兵，"宣宗韪之，遣赴广东实行杜绝鸦片贸易策，亲围英领事义律之馆门，勒令呈缴鸦片二万余箱，义律唯唯听命，遂于海滩高处，悉数销毁，各国士商之从壁上观者，皆深服则徐之办事精细，或作文以颂之焉。则徐并订立新例，凡商舰入口者，均须具结，夹带鸦片，船货没官，人即正法，葡萄牙、美利坚诸国，皆具结，愿互市如旧，独英人不允，英海陆军遂进窥广东，以则徐有备，改攻定海陷之。会有以蜚语中伤则徐者，则徐褫职，以琦善代之。琦善一反则徐所为，撤守备，英军遂陷厦门各炮台，要挟益甚，以未如所愿，进陷江海各要害，直薄江宁，清廷大惧，乃遣全权大臣耆英等与英使璞鼎查定《南京条约》，事在道光二十二年，除赔款及割让香港外，并开广州、厦门、福州、宁波、上海为商埠，是为清代由闭关保守时代，入于开港通商时代发轫期。

第十节　商约之缔结

鸦片一役,为列国通商开道之前锋,《江宁条约》缔结而后,欧、美各国,相继效尤,每因一事之微,各国辄借端要挟,迫令缔约。兹将历朝所订商约,分述如下：

（一）宣宗时代　道光二十四年七月,中、美间订《望厦条约》,同年十月,中、法间,有《黄浦条约》,越三年,与瑞典、挪威订立条约。

（二）文宗时代　咸丰元年,奕山与俄缔约于伊犁,开伊犁、塔尔巴哈台二处为商埠,八年,因英、法联军攻粤,虏粤督叶名琛,并进攻天津,与英、法缔结《天津条约》。英约增牛庄、登州、台湾、潮州、琼州及镇江、九江、汉口通商,并另定税则,减轻课税,又有通商各款每十年酌量更改之规定；法约大致相同,唯所开口岸,较英约去一牛庄,增淡水、江宁二处,及领事,关税,船钞等事。此外,复与俄、美二国,订定商约：俄约除《尼布楚条约》规定边界陆路通商外,复准俄商由海路至上海、宁波、福州、厦门、广州、台湾、琼州七处贸易,并派遣领事等事；美约及通商章程,除道光时所缔条约已开福州、厦门、宁波、广州、上海为商港外,加台湾、湖州二处,其他优待条件及利益均沾等规定。后与英、法二次开战,英、法联军,攻陷北京,咸丰十年,又缔《北京条约》,增开天津为通商口岸,并减轻《天津条约》所定船钞每吨银五钱为四钱。又因俄使居中斡旋，亦与之缔约于北京，俄商得由恰克图经库伦、张家口至京，准其零星贸易，并援伊犁、巴哈台试行贸易例，开喀什噶尔为商埠。又与德国缔结天津条约，开广州、潮州、厦门、福州、宁波、上海、芝罘、天津、牛庄、镇江、九江、汉口、琼州、台湾、淡水等处，进出口货，皆按协定税则纳税，不得加增别项规费。

（三）穆宗时代　同治二年，丹麦、荷兰两国，来订和约，暨通商章程；并与荷国约定，不准在内地开设栈房。三年与西班牙订约；四年与比利时订和约，暨通商章程；五年与意大利订和约，暨通商章程；八年与俄改订陆路通商章程，两国边界百里内贸易免税，并准俄商在蒙古各地贸易，均不纳税，又定俄商陆路运货至天津沿途各关，任凭查验，不准绕越关卡，沿途私卖，及包庇华商运货等事，俄货至津，照各国进口征税税则三分之一纳税。同治十年，日本来订和约，暨通商章程。同治十三年，秘鲁来订商约，因遣使往驻秘鲁，保护华侨，并遣使驻外洋各国。

（四）德宗时代　光绪二年，云南边番戕害英人马嘉理，英有违言，于是与英订《烟台条约》，添开宜昌、芜湖、温州、北海各口，并准于沿江之大通、安庆、湖口、武穴、陆溪口、沙市停泊轮船，是为准许外人内地行船之始。同年巴西来订商约，又以收回伊犁与俄人订增开嘉峪关陆路通商之约。十一年以中法越南之战，与法订增开龙州、蒙自二口新约于天津。十二年，英人来订缅甸约，法人来订安南边境通商约；十三年与荷兰人订约于北京；十六年与英订重庆商约，准以华船运货通商。二十年与英订滇缅边界商约于伦敦，二十一年，以中、日之战，与日订《马关条约》，除割地赔款外许日商在沙市、重庆、苏州、杭州贸易，并准在中国内地改造土货。二十二年与日订通商行船条约，并自开吴淞商埠，二十三年与日订苏州租界章程，以胶州岛租给德人为商埠，又与英订增开西江口岸商约于北京，以广西梧州府、广东三水县城江根墟为商埠，江门、甘竹滩、肇庆府及德庆州城外为停泊所。二十四年，以旅顺、大连湾租与俄国，威海卫、九龙租与英国，广州湾租与法国。二十五年，自开岳州、三都澳为商埠。二十七年，义和团乱作，八国联军入京，翌年，与德、奥等十一国订辛丑和约，第十八条载明改定通商行船各条约，又自开秦皇岛为商埠，二十八年与英订增开江门之约，二十九年与美订通商行船条约。日、俄之战告终，中、日新订《东三省条约》，俟日、俄两军撤退后，开奉天之凤凰城、辽阳、新民屯、铁岭、通江子、法库门，吉林之省会长春、哈尔滨、宁古塔、珲春、三姓，黑龙江之齐齐哈尔、海拉尔、瑷珲、满洲里为商埠。三十年，自开长沙为商埠，三十一年，自开济南、常德、湘潭、海州、通州为商埠；三十二年，与英订《藏印条约》，开江孜、噶大克及亚东为商埠，并开南宁为商埠；三十四年，与英订《藏印通商章程》，与瑞典订通商条约。

（五）宣统时代　宣统元年，与日本缔图们江中、韩界务条款，开龙井村、局子街、头道沟、百草沟为商埠。三年与英订禁烟条件，是年为一九一一年，英政府允至一九一七年将印度运入中国之烟，全行停止，是为鸦片战争后最大之结果，同年，复与荷兰定在荷兰领地殖民地领事条约。

第十一节　厘金之病商

洪、杨之乱，东南骚然，田赋岁收既减，盐课亦复拖欠，至于其他杂税，亦均短收，及太平军渡江，据扬州，势张甚，时清左副都御史雷以诚统兵驻扬城东路，在裏下河设局勒捐，借资军用。先是江都属境仙女庙，商贾辐辏，各业会馆，旧有醵资章程，名曰厘金。浙江、吴兴已革监生钱江因往献议，请仿其法，抽捐济饷，颇著成效，自是苏、赣、两湖、两浙先后相继推行，专供东征军用，此种额外之征，因非事理之常，本意事平即行停免，及东南底定，又因善后一切，百废待理，以及回捻之乱，中原陇右关外，军费浩繁，至是厘金不独未能裁撤，且推行及于全国。厘金之害，仅及本国商人，而外商则不受之，即使受害，亦比较甚轻，因外商在中国关税制上，所受种种之优待，本国商人不能同样享受。厘金税率，各省不同，大概在起运地厘局，征收百分之三，以后经过查验厘局，则每局又须各征百分之二，即使行程甚短，其所纳厘金，亦必多于外商所纳之子口税，如其行程距离甚长，经过省份甚多，则所纳厘金为量之多，有时或恐超过货物本身价值以上。观此，子口税系优待外商，而厘金则专害华商，数十年来商旅重困，百业凋零，厘金实为最大原因，清末裁撤厘金之声浪，日甚一日，不独本国人士倡之，即外商之未曾直接身受其害亦斥为恶税，《马凯条约》之中，所以明订中国废除厘金，而以增加英商贸易进口税以易之也。

第十二节　交通事业之进步

第一款　铁路

铁路建筑之始，倡自外人，同治四年，英国商人杜兰德在北京宣武门平地上，造小铁路里许，试驶火车，步军统领，以观者骇怪，立命毁之。至实行筑成营业铁路，则权兴于同治五年英商协和洋行创造之淞沪铁路，开行以来，因曾发生火车轧毙行人之事，为人民所反对，遂由官方向英使严重交涉，以银二十八万五千两买回，完全损毁。光绪五年，成立唐胥铁路（由唐山煤井至胥各庄凡十八里），光绪八年，展修至芦台，是为今日京奉铁路之基础。光绪二十年，自天津至昌黎之津渝铁路告成。自光绪二十二年后，列强向中国竞争铁路之建筑权，兹将路线里程列表如下：

路线	里程	合计
龙州铁道	一二二里	
滇越铁道	九四〇里	计一二四二里——法国
安赤铁道	一八〇里	
东清干路	二八一六里	计四六三六里——俄国
东清支路	二八二〇里	
胶济铁路	八七八里	计一五七八里——德国
胶沂铁路	七〇〇里	
安奉铁道	五七〇里	计六九〇里——日本
新奉铁道	一二〇里	
滇缅铁道——三六〇里——英国		

上表各路，龙州因事中轰，安赤、滇缅均未兴工，胶沂后改高徐，由日本承继，后经我国收回主权，未有修筑。新奉于光绪三十三年四月，已由中国赎回，并为京奉一段。其滇越、东清、胶济、安奉四路法、俄、德、日各据其一，日、俄战争前，即经造成其长七千零二十四里，日、俄战争结果，俄将东清支路长春以南之一千四百余里，割与日本，改称为南满铁道，并安奉而统辖之。光绪二十二年冬，清廷特设铁路总公司，任盛宣怀为督办大臣，倡议大借洋款，其订立正式合同者，有芦汉（比，合股公司）、关内外（英，中英公司）、粤汉（美，合兴公司）、正太（俄，华俄银行）、汴洛（比，合股公司）共计九千三百二十六里。订立草合同者，有苏杭甬（英，中英公司）、浦信（英，中英公司）、广九（英，中英公司）、津镇（英、德合借）共计三千八百六十九里。当日、俄战后，中国官商士庶，感于铁道对于国防上有重大关系，于是提倡筹款自办。官商合办之路，发轫于光绪十三年之阎津（今京奉、天津至阎庄间之一段），其后并于关内外而借英款。官督商办之路，始于粤、汉、湘段，西潼铁路继之。官办之路，在日、俄战前，已见之于关东、淞沪、芦保、萍潭、西陵、京张六县。商办铁路之名，始见于光绪五年之唐阎（今京奉、唐山至阎庄间之一段），其始终能保存商办名义者，仅潮汕、小清河、南浔、新宁、房山、粤、汉、粤段、齐昂、周长、绎县、贾汪十线，而潮汕资金有三分之一，南浔资金有十分之九，属诸日本借款，齐昂全系公款。

第二款　邮政

我国之议设邮政，发端于光绪时总税务司英人赫德。清光绪四年，于北京、天津、烟台、牛庄、上海各处，仿用西法，开办邮政局，委任总税务司英人赫德主其事。二十二年，始设全国邮政局，隶总理衙门。二十四年，采用邮寄包裹制度；二十五年设邮务总署于北京，并设总局于各省会及各通商大埠，旋设分局于各县及各大市镇；同时采用邮政汇兑制度。二十八年，采用快信制度。三十二年邮传部成立，全国邮政，旋即统行改归部管。宣统二年，采用保险信制度。宣统三年，各省总分局六百余处，代办局四千二百余所，并与外洋数国，订立往来互寄合同。自邮政划归邮传部直辖以来，邮政局虽为政府之机关，不再假手于客卿总税务司，但仍未曾为政府之专业，因在中国邮政开办以前，英、俄、法、德诸国，已于中国开设邮局，尤以英国之大英书信馆为最著名，及中国邮政开办以后，外国邮政机关，仍然存在，但改书信馆之名称为邮政局而已。光绪二十六年，义和团乱作，八国联军攻陷北京，日本始设军事邮便局多处，旋改称为日本邮便局。统计清末各国在华所设邮局，日本最多，共一百六十余所，法、德、俄三国，各十四所，英国十一所，美国最少，仅有一所。

第三款　电政

电政分电报，海底电线，无线电话数种，兹述其沿革。

（甲）电报　中国之有电业，实始于清末光绪五年，李鸿章招丹麦人试办天津、大沽门电报。六年，奏办津沪陆线，令丹麦大北公司承办。七年，设电报局于天津、大沽、济宁、清江、镇江、苏州、上海七处。上海招商股八十万元，八年，改为官督商办。以后南北各省陆续添设电政大臣管理其事。至宣统二年，各省官线七百余里，局所三百五十七处，概收归部办。宣统末年，总计全国电报局所共六百余处，电线十二万余里。

（乙）海底电线　海底电线亦始于清末。光绪十年丹麦大北公司代设徐口线自广东徐关起至琼州之海口止，光绪二十六年，大北公司所设沪、烟、沽正线，自上海起经烟台至大沽止，经政府收买，又借款设烟、沽副线，由烟台至大沽。尚有与日本合办由烟台至大连之海线。

（丙）无线电报　无线电报创于光绪三十一年，袁世凯督直时所办，设于海圻、海容、海筹、海琛四舰，并于南苑、天津、保定行营，设机通报。三十四年，苏人设苏、崇无线电局。宣统元年，政府收买上海英商汇中旋馆之无线电台，附设于上海电报局内。

（丁）电话　光绪七年，英商设电话于上海租界，各埠外商，相继装设。清政府所经营者，以天津为最早，然为义和团所毁。电政大臣盛宣怀奏准于电报局内附设电话，为官办电话之始。二十六年，丹麦人装设天津、北塘、塘沽等处电话。二十七年，设于北京。二十九年，设于广州。其后京、津电话，先后为政府收买。三十二年，上海电报局亦设电话。是岁邮传部成立，电报事业，归其管理，以后或收买原有之电话，或从新安设。宣统二年，邮传部订各省电话暂行章程，规定部办省办商办权限：如京、津、沪、晋、粤等处，为部办，赣、皖、湘、宁、苏、黔、豫、鲁及长春、安东、齐齐哈尔、吉林等处,为省办,福州、武昌、汉口等处为商办。

第四款　航业

我国自营之航业,自招商局始,该局为同治十一年李鸿章奏办,其办法为借领官本,盈亏归商,与官无涉,轮船三十余只,航线分沿海沿江二种:沿海者行驶上海、宁波、温州、厦门、福州、汕头、广东、香港、澳门、天津等处,沿江者,行驶上海、镇江、南京、安庆、芜湖、九江、汉口、宜昌各处。其次为开平矿务局航线为沿海,行驶于上海、天津、秦皇岛、营口各处,以运货为主。又其次为宁绍公司,航线自上海至宁波,自上海至汉口各处,营业颇盛。北方戊通公司之航线,在东三省松花江一带,航路因近寒带,结冰甚早,每年航行,为日不多,且因日船竞争,颇难发展。外人经营者,如英之太古公司怡和公司,日本之日清公司,船只均多。我国受不平等条约之束缚,沿海内河,门户洞开,处商轮船,充斥国内,本国航业,衰落不振,喧宾夺主,良可慨也!

第十三节　币制之紊乱

第一款　制钱

清顺治元年，置户部宝泉局，工部宝源局，铸顺治通宝钱。八年，增定制钱，每文重一钱二分五厘。十四年停各省鼓铸，专归京局，更定制钱每文重一钱四分。康熙元年，颁行康熙通宝，钱轻重如旧制，发各省局依式铸造，与顺治通宝钱相兼行。时以铸局既多，钱价过贱，户部议准停止各省鼓铸，唯听宝泉、宝源两局制钱流通行使，江宁为驻防重地，其局仍令暂留。六年，复开各省镇鼓铸，增置湖南、江苏、甘肃省局。十二年，定私销制钱禁例。雍正元年，铸雍正通宝，颁行天下，令宝泉局岁铸新钱，与顺治、康熙大小制钱相兼行，继开云南省城及临安府、大理府、沾益州鼓铸局。又以钱重铜多，易滋销毁，著照顺治二年例每文重一钱二分，通行各省，其现行一钱四分之钱，听一体行使。嗣后宝源局每卯用铜铅十万二千八百五十七斤有奇，铸钱一万二千四百九十八串。乾隆元年，铸乾隆通宝钱，颁行天下。三年，停山东局及云南、广西府局。七年，令宝泉、宝源二局，每年各开铸钱币。嘉庆、道光之世，亦各有鼓铸，然钱法之整肃，则远不若前代矣。咸丰三年，以兵饷告急，财用匮乏，命鼓铸大钱，分当十、当五十、当百、当五百、当千五种，当千者重二两，是时钱法，侍郎王茂荫痛论其非："谓历代行使大钱，未有三年而不改变废罢者；未有不称盗铸云起物价腾贵者，"后果不行，乃令户工两局，只铸当百与当五十各二成，其余六成铸当十当五及一文制钱，而以宝钞收回当五百当千之大钱。是年又谕，准铸铁钱，终以其质重；流通困难，更胜于大钱。五年，改定制钱重量，每钱重八分。八年，令收回大钱，改铸制钱。同治时，仍沿八分旧制，采用洋铜，以资鼓铸。光绪二十五年，仍铸当十大钱，寻又令宝泉局仍开铸一文制钱。三十一年，停铸当十大钱，并令改铸制钱。是年又以制钱销毁日多，应改定钱制每文重六分，以铜五成五，铅四成五配合铸造。三十四年，再改铸一文新钱，每文重量减至三分二厘，其质系以紫铜六成、白铅四成相合而成，是为铸造一文无孔钱之始期，而旧式铜钱，至此遂不复鼓铸矣。

第二款　铜圆

清洪、杨之乱，各省官钱局皆停钱制钱，而军饷增加，财源困乏，加以海外生铜输入阻碍，铜价日昂，制钱铸造，既归停顿，而民间熔解者，又日益增多，市面流通，日趋减少，遂发生钱荒。光绪二十三年有江西道监察御史陈其璋始奏请鼓铸大小铜圆三种：上品重四钱，中品二钱，下品一钱，以补制钱不足，但未能实现。直至光绪二十六年，两广总督李鸿章在粤设局铸造铜圆。二十七年，以粤省试铸铜圆，成绩颇佳乃谕令沿江沿海各省仿造，于是铜圆遂流通全国。光绪三十一年时，所订整理圜法章程内，原规定铜圆有当二十、当十、当五、当二四种，由户部颁发祖模，正面加铸省名。当铜圆初开铸时，规定百枚换银币一元，但以初次进行，信用甚著，实际上银圆一元，仅换得铜圆八十枚左右，铸造利益颇大，各省遂竞相铸造，价格又落。上海价格，至光绪三十一年十二月，每银圆可换铜圆百零七枚，三十二年，跌至一百十枚，至三十四年时，跌至百二十枚。

第三款　银角

清代银角之铸造，在光绪十六年。最先开铸者为广东，其次湖北，继乃推及他省。当时清廷对于银角之无切实办法，其情形正与铜圆等。光绪三十三年，虽有一度之奏定大银元一元折合小银币十角，小银币一角，折合十文之铜币十枚，均以十进，然未见诸实行，故银元与银角之兑价，终依供求之相剂而定焉。且其成色分量亦无一定之标准可凭，各省所铸，颇有出入。宣统二年，度支部奏定币制则例，对于银角，亦拟有处置办法，嗣因国体改变，所有计划，皆成画饼矣。

第四款　银圆

清代末年，通用外国货币，损失利权甚大。光绪时，两广总督张之洞有见于此，乃设厂于广东，铸造银币，而奉天、吉林、直隶、江西、安徽、湖北、福建诸省，遂继起各设银元局，铸造一元、半元、二角、一角五种货币。其后清廷乃收归各省铸造权于户部，设东南西北中五厂：东厂在广东，西厂在江宁，南厂在福州，北厂在武昌，中厂在开封，此外各省局悉废。清代通商口岸，多用外国银元，种类甚杂，皆自外国流入，如西班牙棍洋行用于宁波、杭州、芜湖，墨西哥鹰洋行用于上海，香港杖人洋，新加坡、大英通商银圆，行用于产棉区域，大概因各国改革币制为金本位，一切旧式银元，不适于用，故均驱向中国。

第五款　银锭

吾国银锭之铸造，历代相沿，人民可以经营，故其纯分成色，重量、大小、名称各地不同，买卖交易，多以银为标准。银锭种类，可分为三：（一）元宝银，重约五十两，形似马蹄，故又称之曰马蹄银，其成色各地不同；（二）中锭，重约十两，形状不一，但以类似衡锤者为最多，其为马蹄形者，称之曰小元宝；（三）小锞银，又称小锭，形如馒头，重量自三两至五两不等，此外尚有碎银，为补助银锭之用，此类碎银，又名滴珠。史称："清康熙、乾隆年间，官私出入，皆用纹银，而商民行使，则自十成至九成八成七成不等，交易时，仅按十成足纹，递相核算。"乾隆时，民间于纹银外，尚有各种之名色，江南、浙江有元丝银，湖广、江西有盐撒银，陕西、甘肃有元镨银，广西有北流银，四川有士镨柳镨及茴香银，山西有西镨及水丝银，云、贵有石镨及茶花银。此外，又有青丝、白丝、单倾、双倾、方镨、长镨等，名色不一，授受烦琐，交易之不便，于此为极。嘉、道以还，名色尤多，及至末叶，外洋银条流入，各地所铸宝银，名称更为复杂。至执此宝银铸造之权者，曰银炉；（北方称之曰炉房，南方称之曰银炉），鉴定宝银之成色与重量而确保其价格者，曰公估局。凡欲经营银炉者，须先经户部之许可，方能开业，即每一地方银炉，亦均有一定之额数，不得任意增设也。公估局亦然，除须经官厅准许之外，并有当地钱业公所认可，方可成立，且每地多以一局为限，即有设立二局以上者，要亦系属分设。凡有公估局地方，无论本地或他地之银炉所铸新锭，必先经该局验视证明，方能收受无疑也。

第六款　纸币

清代之纸币，可分为清初与清末两时期。清代中叶，如康熙、雍正、乾隆、嘉庆四朝，均以银为主币，而辅之以铜钱，钞票几不可见。清初入关时，民间流通之明代钞币，已不多有因国用不足，于顺治七年时，造钞十二万八千一百七十二贯有奇。后以宋、元、明钞法发生弊端，十八年时，即行停止。咸丰初年，发生内乱，频年用兵，用度浩繁，无法应付，于是发行银票钱票两种：银票分一百两、八十两、五十两三种，名曰官票。钱票即钱钞，于京城内外，招商设立官银钱号，由部发给成本银两，并户工两局交库卯钱，以为票本。是后钞票发行渐多，公立机关之发行者，则有大清银行，各省官银钞局，私立机关之发行者，则有各省之私立钱庄钱号，普通商业银行，而在华之外国银行，如英之麦加利、汇丰，美之花旗、东方、汇理，日之横滨、正金，荷兰之和兰，比利时之华比，俄之华俄等银行，皆取得发行钞票权。大清银行发行之兑换券，有银两票，银元票，钱票三种，但因银两成色不一，银元种类繁多，所以各地分行所出之兑换券，均注明某处通用。钱票发行者，仅有北京之阜通，东南两号，又济南、大清银行分行纸币所印行者，为一元、五元、十元、五十元、百元五种，及银两票一两、五两、十两、五十两、百两五种。纸币发行，自光绪三十一年起，至宣统三年闰六月止，各地大清银行分行银两票为五四三八九一〇两，银元票为一二四五九九〇七元。与大清银行兑换券同时行使者，尚有各省官银钱号发行之钞币。官银钱号设立于咸丰二年时，为推行银钱票之机关，至光绪末年时，各省设立者，几遍全国，其发行之钞币，有银两票、银元票、制钱票、铜圆票等，发行之票面额，各有不同。清末设立之商业银行，如中国通商银行，浙江兴业银行，四明商业银行，北洋保商银行亦均有发行钞票权。

第十四节　清代之金融机关

第一款　票号

溯票号之起源，在满清乾隆、嘉庆年间，有山西平遥县人雷履泰领本县达蒲村李姓之资本，在天津开设日升昌颜料铺，颜料中有铜绿一种，出自四川境内，雷氏遂往重庆贩铜绿至天津，颇能获利，营业日盛，而日升昌之名，遂宣传于津、蜀间。雷氏时为日升昌经理，遂创行汇兑法，凡各商往来银钱，皆可为之接收代汇，其法出一支付之票，持至所汇地之分号或联号，如数兑收现银，故曰票号。汇兑款项时，按各地银色之高低，路途之远近，银根之松紧，于所汇数目之外，另加汇费，名曰汇水。只须一信之通，巨款立时照付，较诸镖局保送，费省而事稳，各商便之，莫不趋之若鹜，而日升昌之营业遂日广，利益遂日增矣。日升昌设立票号后，有同县人毛凤翙者，为蔚泰厚布庄执事，见日升昌汇兑利厚，亦在蔚泰厚仿行其法，不数年间，亦获厚利。自是争相仿效，凡长江各埠之营茶庄、典当、绸缎、丝布业及京、津一带营皮毛杂货业之晋人，群起仿办，往往于本号附设票庄。至咸丰初年，遂有筹集巨资，专营其业者，如平遥县有蔚盛长、天成亨、新泰厚、协同庆、协同信、百川通、蔚丰厚、蔚长厚、宝丰隆，祁县有元丰久、巨兴隆、巨兴和、存义公、三晋源、大德通、大德恒、合盛元、大盛川，太谷县有世义信、志成信、协成乾、锦生润等。是等票号，分为祁、太、平三帮，其总号在平遥县者曰平帮，在太谷县者，曰太帮，在祁县者曰祁帮，设总号于本县，设分号于各省，分号之多，以日升昌、蔚泰厚、存义公、天成亨、大德恒、大德通、志成信、协成乾等为最，专营票业，共有三十余家。其时黄河以南，直至闽、广，皆为干戈扰攘之地，道途梗阻，转运为艰，各省巨商显宦，多将资财委托票号汇兑，而国家饷需协款丁银等，亦赖票号以资挹注，而营业遂蒸蒸日上。至光绪初年，即国家之丁赋，亦有归票号代汇者，于是票号资财更足，然查各家除各省官绅私蓄之款存放于票庄或转汇外，资本之数甚微，如平帮之日升昌、百川通营业甚广，其资本不过十余万两，而存款多至数百万，其他各家，亦均如是。其时官款之存入者，有税项运饷协款丁漕,均不计利,私人之款,则官吏宦囊,绅富私蓄,莫不捆载而来,寄存号内,每年取息仅二三厘,尚有不取利者。票号全以他人之款,存放其他商家,年取一分之利,而汇兑时则仅凭一纸之书付款,毫不稽迟,所取汇水,尤属不赀。自光绪中叶,直至庚子而后,每家票号,无不年获利市数倍。票号内容之组织,至为简单,并无一定规章,全凭人之信用,以取信于官绅。当初办时,既如上述,均附设于货号之内,及后营业发达,乃立专号,其组织或为合资,或为独资,均属无限责任,将资本交付于管事(即大掌柜)一人,而管事于营业上一切事务,全权办理,股东均不过问,既不预定方针于事前,又不实施监察于事后,此种营业,实为东方特异之点。管事在票庄内有无上之权威,凡用人之标准,事业之进行,各伙友听命于管事,但权利颇有平等之意义,管事与伙友均定三年回家一次,红利亦平均支配,故管事得人,则营业无不发达,否则财东有莫大之危险,如票号营业之失败,经济上损失之责任,全由财东负担,而管事者不负赔偿之责。及光绪末叶,大清、交通两行成立,所有官款,皆由该两行存汇,而票号始受影响,然以信用久著,私人之存放汇兑,仍属不少,营业尚可支持,及辛亥武汉革命,全国响应,全省票号,毫无准备,放出之款,一时无法收回,存款皆纷纷来提,周转不灵,其掌柜多携款潜逃,或伪造账目。一家倒闭,牵及各家,是以民国初年,晋商票号,纷纷倒闭,至今仅存数家而已。

第二款　钱庄

清代钱庄，绍兴一派，最占势力，当时阻止票号势力不得越长江而南者，此派之力也。前清末叶，义善源、源丰润等钱庄，翘然独出，代理道县库，分绍兴人之势力，而别为镇江派。浙人性机警，有胆识，具敏活之手腕，特别之眼光，其经营商业也，不墨守成规，而能临机应变，故能与票号抗衡，在南中独树一帜。其营业区域，在长江南北，且利用交通之便，浸而蔓延各地，其大本营在上海、汉口两处，而南京、镇江、芜湖、九江等处，亦在其势力范围之内。钱庄之营业，约可分为数种：（一）代理道库县库，国库省库，既为票号所盘踞，此派不得已乃以道库县库归诸掌握；（二）贴现，此种贴现，虽不能尽括现今贴现之种种办法，然如汉口之比期，东省之卯期，上海之拆票等，当时已具雏形；（三）往来存款，其制度与现今银行往来存款相同。

上海之钱庄，历史悠久，滥觞于二百余年前，（按上海邑庙附近内园钱业总公所重修记有云："盖自乾隆至今，垂二百年，斯园阅世沧桑，而隶属钱业如故。"）唯当时钱业仅营兑换一项，资本甚小，大概设摊于南市一隅，洪、阳之乱，南市商业，因战事关系，托庇于租界之下，因此北市之商业，大为繁荣。自同治元年起，钱庄之重心，由南市而移至北市。光绪初年，上海商业日渐发展，钱庄之营业，亦日益膨胀，据光绪二年之调查，当时上海之汇划钱庄有一百〇五家，其中设立在南市者四十二家，设立在北市者六十三家。南市四十二家，为大亨、大豫、大丰、元大亨、正丰、巨源、合源、同康、同元诚、至公、安康、安泰、延孚、阜南、升茂、和盛、洪泰、恒德、盈生、晋源、晋豫、泰康、乾记、顺元、敦和、集生、源元、源记、源泰恒、慎泰、慎生、瑞康、椿源、裕大、福源、聚泰、德升、德康、震大、震亨、震昌、震源。北市六十三家，为大有豫、久康、允康、元和、仁元、五康、巨丰、申昌、同元诚、安滋、延大、延生、延昌、阜康、阜丰、贞生、咸康、咸泰、茂泰、泰丰、振茂、厚德、晋吉、晋德、纯泰、乾一、乾和、乾康、乾德、乾丰、乾通、惇泰、惠吉、惠安、惠康、萃和、康泰、崇德、彙源、慎康、慎号、慎余、慎益、源源、源昌、源泰、源源祥、新吉、鼎源、鼎丰、福泰、肇泰、寿康、德昶、绪元、震祥、豫成、颐德、德泰、树德、宝泰、宝兴。

光绪八年，旧历十二月初，发生之倒账风潮，打破钱业黄金时代。当时有金嘉记源号丝栈，因亏折款项五十六万两，突然倒闭，钱庄被累者，共四十家。为时各庄局面不大，赶将放款收回，以资支持，而其时适逢年底，据十二月三十日之调查，为银根紧急所累而倒闭之商号，凡二十家，总数凡一百五六十万两左右，钱庄停业清理者竟占半数。次年（光绪九年）开市，南市之大小钱庄，仅有二十三家，北市仅有三十五家。厥后风潮最烈者，为贴现风潮，与橡皮风潮。贴票风潮，发生于光绪二十三年间，先是有协和庄者，专营贴票事业，其法以高利吸收存款，例如以九十余元存入者，不届一月，即以存票往收，可得百元之数。钱庄之所以愿出重利吸收存款者，盖当时有贩运鸦片以博厚利之徒，悉向钱庄借款，钱庄现款不敷应求，乃有此贴现之方法。小有资产者，为利所诱，群向钱庄贴票，而贴票钱庄，亦如雨后春笋，愈开愈多，于是互相竞争，所贴之利，竟有百分之二十者，后有狡黠者，专设此类钱庄，吸收现款，以供挥霍，卒因届期现款无着，信用大失,全数倒闭,而专营贴票之正当钱庄,影响所及,亦相率倾覆,汇划庄因之大受挤轧,存户纷纷提存,事变仓促,以致周转不灵,倒闭搁浅者,踵相接也。宣统二年,复有橡皮风潮之发生,其时有西人某,在沪创设橡皮股票公司,大登广告,夸言橡皮事业之希望,商人咸被蒙蔽,竞相购买,不料该西人佯言回国,一去不返,杳如黄鹤,发电询问,毫无音息,于是始知受欺,股票价值,一落千丈,视同废纸,商人纷纷破产,钱庄乃大受影响,因此倒闭者,有数十家之多。

第三款　银行

我国之有银行,以英商麦加利银行,咸丰七年在沪创设之分行最早,厥后英之汇丰、有利,法之东方、汇理,日之正金,德之德华,于同、光年间先后在华设行营业。至吾国自设之银行,当以上海之中国通商银行为嚆矢,当光绪中叶后,国人渐感外人经济之压迫,知非振兴实业,不足以图强,非改革金融机关,不足以振兴实业,于是盛宣怀于光绪二十二年,在上海创设中国通商银行,开办之初,曾向当时度支部,商借库银一百万两,议定五年匀还,至光绪二十八年,如约还清。厥后即纯系商股,至行内一切制度,均仿照外商银行办理,是为吾国私立银行之鼻祖。中国通商银行成立后十年,光绪三十二年,户部始有户部银行之设立。户部银行者,即清季之大清银行,今日之中国银行也。初成立时,户部原拟借为推行币制之枢纽,当时奏准之《试办银行章程》三十二条,隐然树我国中央银行之先声。至三十四年,奏定以户部银行改设大清银行,颁布《大清银行则例》二十四条,更渐具吾国中央银行之雏形,是为吾国国家银行之肇端。自光绪二十二年,迄宣统三年,计历年十有六,在此期间内,银行之成立者,计十有七家,而至今已改组或停业者达十家,存在者仅七家耳。兹列表如下:

时代	年份	银行名称	总行所在地	备注
光绪	二十二年	中国通商银行	上海	
光绪	二十八年	直隶省银行	天津	停业
光绪	三十二年	户部银行	北平	三十四年改组为大清银行
光绪	三十二年	浚川源银行	成都	停业
光绪	三十二年	信成银行	北平	停业
光绪	三十三年	四海通银行	新加坡	
光绪	三十三年	浙江兴业银行	上海	
光绪	三十四年	大清银行	北平	清理
光绪	三十四年	交通银行	上海（原北平）	
光绪	三十四年	四明商业储蓄银行	上海	
光绪	三十四年	信义银行	未详	停业
光绪	三十四年	裕商银行	未详	停业
宣统	元年	浙江银行	杭州	民国四年改组为浙江地方实业银行
宣统	二年	北洋保商银行	北平	
宣统	三年	福建银行	福州	停业
宣统	三年	四川银行	成都	停业
宣统	三年	殖业银行	天津	

第十五节　清末商政之设施

（一）商政机关之设立　海禁既开，交涉日繁，光绪三年，设南洋大臣，九年，设北洋大臣，兼管通商之事。二十九年七月设立商部，九月以工部并入商部，改称农工商部，分农务、工务、商务、庶务四司，商务司掌管一切商政，统辖京内外商务学堂公司局厂及办理商政人员，兼管商律馆、商报馆、公司注册局、商标局。三十三年五月改订外省官制，各省添设勤业道，掌管全省农工商业及各项交通事务，此国内商政机关也。至于国外与缔约国互派公使代表本国，保护国外华侨，并陆续遣派领事于缔约各国。

（二）商事法之编订　光绪二十九年三月，德宗令载振、袁世凯、伍廷芳编订商律，编成《商人通例》九条，暨《公司律》一百三十一条，《附则》六条，三十年编定《商标注册试办章程》二十八条，三十二年四月奏准颁行《破产律》六十九条，又奏《公司注册试办章程》十八条，三十四年奏定《银行则例》。

（三）商务总会之创设　光绪二十九年十一月，商部奏定《商会简明章程》二十六条，《附则》六条。光绪二十九年，商部劝谕各业之商务较巨者，先在京师倡设商会，外省商人筹办商会者，并责成地方官随时详报督抚咨部，不得阻遏，以顺商情。三十年，奏定《商部接见商会董事章程》八条，使官商声息相通，以除隔膜之弊。又奏定议派《各省商务议员章程》十八条，并设商务局于各省。又命督抚遴选能吏，造册送部，委充商部议员，负商务上提倡考察之责。三十二年商部札行各总分商会，准设商务分所，颁发各商曾各种表册式样，并派员司劝道商人组织商会。三十年，金银号汇兑庄各商董禀请先设公所，互相联络，由商部给发凭单，后复辗转劝勉，京师大宗行号均能声气相通，渐臻融洽。光绪三十二年冬间，劝令设立商务总会，由各商董照章投票公举总协理，于三十三年三月奏准，于是京师设立总商会，各省亦陆续设立分会矣。

（四）商业之提倡　德宗亦以振兴商业为急务。光绪二十九年八月上谕："现在振兴商务，全在官商运络一气，以信相孚，内外合力维持，广为董劝，以期日有起色。"九月，谕令各直省将军督抚通饬所属文武各官及局卡委员一律认真恤商，持平办理，力除留难延搁各项积弊，以顺商情。三十三年七月，农工商部奏准议订华商办理实业爵赏章程十条。二十九年九月，又具奏《奖励华商公司章程》。三十三年八月，又奏准援照军功加奖成例酌拟商业外奖办法。

（五）度量权衡之制定　光绪三十三年九月，谕令农工商部会同考定度量权衡画一制度，详拟推行章程，农工商部乃设局开办，拟定推行画一《度量权衡制度暂行章程》四十条，并拟定度量权衡画一制度，惜未能推行耳！

（六）赛会及陈列所之提倡　光绪三十二年，商部订定《出洋赛会章程》二十条，凡国外会场之管理，商人赴会之呈报，赴赛之物品，及物品之免税，规定綦详。三十二年，又奏定《京师劝工陈列所章程，规定办事细则》，采取商品，寄存货物，及游览陈列所办法。

（七）商学之振兴　光绪二十九年，命张之洞、张百熙、荣庆厘定《各省学校章程》，就各地情形，审择所宜，亟谋广设，并于通商繁盛之区，设立商业学堂。

第十六节　清代商税

清代商税得分述如下：

（一）关税　关税有正税、商税、船料税三种。正税按出产地道征收之，商税对于货物之物价而征收之，船料税按船之梁头大小征收之。康熙二十三年，设立四海关，（详前）二十八年，制定税则，凡商船到关，每船按梁头征银二千两，再抽货税。道光二十三年，由耆英与英国公使璞鼎查（Sir Henry Potinger）商订《各关税则协约》，及《五口通商章程》，我国关税遂成协定税则，货价估计，修改期限，亦为条约所束缚矣。

（二）盐税　中国产盐之地，共有十所，如长芦盐（直隶）、山东盐、河东盐（山西）、两淮盐、两浙盐、两广盐、福建盐、甘肃盐、四川盐、云南盐，各处销售之法不同：一、官督商销，即政府给引票与商人，据引购盐，以贩卖于行盐引地；二、官运商销，即政府自购盐场之盐，运于官设之机，俾盐商购买；三、官运官销，即政府运栈自卖；四、包课，即偏僻省分之产盐地，许民间自制自用，而课以税银。四者之中，以官督商销，最为通行。合计各省正课征额六百二十五万八千〇七十一两，难款征额一百三十八万八千九百四十两，包课银九万零百二十三两，总计七百七十三万七千一百三十四两。当运盐过卡之时，再纳厘金，谓之盐厘，此项盐金，不计入普通货之盐金中，而别为盐厘，与盐课合而为盐税。各省所报之盐税，乃盐课与盐厘两种合计之数，盐税总额，约计一千三百万两，除盐课七百万两外，所余之六百万两即为盐厘。

（三）厘金　厘金为一种地方通过税，占清代各省收入之大部。咸丰三年雷以诚奏请设捐局于江南、泰州、宝应，抽收厘捐，厘金之制，即自此始。洪、杨之乱，兵饷不继，曾文正乃仿行抽厘之法，以充军用，后胡文忠亦行之于湖北，而各省不数年，皆通行之。厘金局属于督抚之管辖，每省有厘金总局一，设总办一人，多自候补道员选任之，以管理全省之厘金，为督抚所统制。税率原以货物之原价百分之二为标准，其实由于关员任意评定，立为税率，且同一货物，其厘金不仅抽收一次，每过一卡，则抽收一次，货物运送愈远，通过厘卡愈多，抽收之额亦愈增加，及至最终之地，纳税总额，数倍于原价。又别设落地税，亦混入于厘金之中收之。落地税乃货物输出于原产地，或输入于贩卖地之时所征收之税。据光绪二十九年户部所报告各省厘金岁入之数合计一一七九五五七六两，钱三三二四四四八串，其中为抽收官吏所中饱者，何止倍蓰，此种收入，皆直接归于地方经费，非有特别命令，不必解送于中央政府。

（四）土药税　自光绪十一年鸦片条约缔结之后，清廷始命各省课税于内地所产之鸦片，名为土药税，自是各省收入，加此一项。据光绪二十九年户部报告，各省征收额合计为二百十九万七千四百二十四两。

（五）杂税　旧制所谓杂税，不过矿税、渔税、牙税、茶税、当税、契税数种，清廷末年所办新税，亦属于此。各省杂税征收总额，合计三二七〇五八九两，钱二五四六八八串。

第十七节　清季十年之对外贸易

我国商业之在清季，殆完全处于失败之地位。兹将清季十年之海关贸易册，比例如下：

年份	洋货进口	土货出口	共计价值
光绪二十八年	三一五三八三九〇五 银两	二一四〇八一五八四 银两	五二九五四五四八九 银两
光绪二十九年	三二六七三九一三三	二一四三五二四六七	五四一〇九一六〇〇
光绪三十年	三四一〇六〇六〇八	二三九四八六六八三	五八三五四七二九一
光绪三十一年	四四七一〇〇七九一	二二七八八八一九七	六七四九八八九八八
光绪三十二年	四一〇二七〇〇八二	二三六四五六七三九	六四六七二六八二一
光绪三十三年	四一六四〇一三六九	二六四三八〇六九七	六八〇七八二〇六六
光绪三十四年	三四九五〇五四七八	二七六六六〇四〇三	六七一一六五八四一
宣统元年	四一八一五八〇六七	三三八九九二八一四	七五七一五〇八八一
宣统二年	四六二九六四八九四	三八〇八三三三二八	八四三七九八二二二
宣统三年	四七一五〇三九四三	三七七三三八一六六	八四八八四二一〇九

据上表，可知国外贸易，年盛一年，而输出土货之价值，绌于洋货八千数百万。输出品最重要者，为丝茶，丝之输出价值占总额百分之三十五分，茶则占百分之二十分。输入品以洋布鸦片为大宗，洋布占总额百分之三十七分，鸦片占十九分，即谓我国以丝易布，以茶易鸦片可也。以丝易布，是以生货易熟货，已不免相形见绌，以茶易鸦片，是以有益之品，易有害之品，其受祸更烈也。

第二章　民国时代之商业

第一节　民国初年之商业

辛亥革命，其端实启自商人。奕劻当国，收商办铁路为国有，商人起而反对，各界以公理所在，群起而为商人后盾，遂酿成莫大之风潮，民军乘之，遂首先发难于武昌，各省闻风，先后响应，商人及寓外侨商，慷慨输财，以供军饷，民国之造，商人当在首功之列，然而本年商业长江一带，上自重庆，下至镇江，实已深受战事影响，一落千丈。民国元年之初，正值新旧过渡时代，和战纷纭，据海关报告，本年贸易情形，春初气象之衰败，为通商以来所未有，幸而清帝实行退位，共和告成，人民放于市面营业流通之款，多数提回，或贮外国银行，或藏私家秘窟，以致银行之周转不易，往来买卖，大半限于现钱，而现银转运，又多阻滞，并有数省银钱，竟行禁止出境者，是以国内汇兑随之而涨。各省当道，因库款支出，颁行钞票，所出之数既巨，其价自跌，此本年金融之大概情形也。然至岁底，金融渐告安定矣。至言交通，民初各路，颇形梗塞，扰乱频闻，粤省水道，几为盗贼盘踞，长江上游，及他处民船迭遇不测，陆地亦然，土匪如鲫，商民视为畏途，艰于输运，甚至竟不敢行。幸而各处丰稔，竟能历时无多，情形立变，甫交秋际。劫掠之事，罕有所闻，此显见民间衣食充足之效。兵变内讧，虽间有所闻，但一届年终，国内全无绝大之变乱，是秩序已徐徐复矣。民国二年之初，腹部及南边，有风鹤之惊，商人畏惧，几无转机之望，及四月正式国会成立，通商诸国中仅有巴西、美利坚、墨西哥、古巴、秘鲁诸共和国为正式之承认，然至七月，江西发难，川、湘、粤、皖、沪、宁之各地，内战剧烈。即边疆省份，亦不能免，所幸为期不久，干戈底定，至十月正式大总统举定，通商各友邦，为一致之承认，正式政府告成，人心略定，然商业仍形凋敝，富户不敢投资，商人相戒裹足，以致现银缺乏，纸币滥行，价值愈跌，加以大乱难平，而溃逃兵士，未谋处置，潜挟枪械，铤而走险，贸易一道，阻碍殊多。又资本家仍以外国银行及私家秘窟为渊薮，岁聿云暮，金融上尚未见活动，差幸农民有庆，故本年商况，较上年为进步，进口货值合银五亿七千十六万二千五百七十七两，出口货值合银四亿三百三十万五千五百四十六两，共银九亿七千三百四十六万八千一百二十三两，比元年增至一亿二千余万两之多。民国三年，白狼之乱，又起于河南，北方诸省，颇遭蹂躏，迨狼匪就擒，国中胥靖，而亘古未有之欧洲战祸，复乘时而勃发，我国商业亦受其影响也。

第二节　民国初年海外侨民之商况

共和军起，我海外同胞之对于祖国，同抱协赞之真诚，就中富商大贾以财力相助者，为数尤属不赀。盖以身居海外，所受异国政府之压迫，故其爱国之心，油然而起，不能自已也。侨民中之广东人、福建人为多数，江苏、浙江次之，总数不下七百余万之多，而居于暹罗者人数为尤众，几握暹罗全国之商权，台湾次之，其余各地又次之，列表如下：

华侨人数表

暹罗　二百四十六万一千零

台湾　二百四十万零

南北美洲　二十六万九千零

安南　十二万二千零

菲律宾　八万六千四百零

爪哇　九万七千零

高丽　三万七千零

欧洲及俄国　四万三千零

澳洲　二万九千零

其余各处小岛　一百八十四万零

总数　七百四十万九千四百零

上数为欧战未发生以前所调查。我商人之执业于彼者，类多坚忍耐劳之特性，每岁输入祖国之金钱，为数甚巨。

第三节　商政之整理

民国初年，关于商政之整理者，可分数大端：一、管理商政机关之设立，南京临时政府初立时，特建实业部，及临时政府移北京，分为农林及工商之两部，正式政府成立，复并为农商部，是为商业行政之最高机关。至于国外商业，各有驻外公使及领事，用资管理，而同董其成于外交部；二、商法之颁行。营业自由，载明约法；三年复颁行《商人通例》，使商家有所遵循。所谓商人，指为商业主体之人而言（实质上商人）。凡左列各种营业，谓之商业，（一）买卖业，（二）赁货业，（三）制造业或加工业，（四）供给电气煤气或自来水业，（五）出版业，（六）印刷业，（七）银行业，兑换金钱业，或贷金业，（八）担承信托业，（九）作业或劳务之承揽业，（十）设场屋以集客之业，（十一）堆栈业，（十二）保险业，（十三）运送业，（十四）承揽运送业，（十五）牙行业，（十六）居间业，（十七）代理业，此外凡有商业上之规模布置，自经呈报该管官厅注册后，亦一律作为商人，（形式上商人。）凡关于商人能力，商业注册，商号，商业账簿，商业使用人，及商业学徒，代理商等，均有专章，以为规定。至于经商所设立之团体，号为公司者，则另有《公司条例》之颁布，以资遵守。据《公司条例》之规定，公司种类，共有四种，兹分别言之如下：

一、无限公司　全以无限责任股东组织之，即公司财产不足清偿公司债务时，其股东全体对于公司债权人负连带无限之责任。

二、两合公司　以无限责任股东与有限责任股东组织之。其无限责任股东之性质，与无限公司之股东相同，而有限责任股东之出资，则以定额为限，对于公司负其责任。

三、股份有限公司　全以有限责任股东组织之。公司资本，预先确定，且须分为股份，每股金额，应归一律。至各股东之责任，以缴清其股份之金额为限，此其所以有股份有限公司之称也。

四、股份两合公司　亦以无限责任股东与有限责任股东组织之。其有限责任股东所凑集之资本，分为股份，故称之为股份两合公司，而与两合公司有别也。

第四节　关税自主之经过

前清道光二十二年，因中、英鸦片战争结果，缔结《南京条约》，开五口通商，并设关征税。翌年，中、英通商条约成立，规定进出口关税一律值百抽五，是为我国协定关税之起源。其后各国继之，与我国订立商约，开港贸易，协定税则，我国之关税主权，遂完全丧失，遂致国计民生，日益窘迫。民国成立以来，上下人士，已深知协定关税之弊端，而致力于自主运动，每有机会，即向各国要求。民国八年,在巴黎和会中,我国代表提出中国关税自主问题,和会以无权解决为词而作罢。民国十年,在华盛顿会议中,我国又将此问题提出,各国代表,与以同情,但结果仅由议会决定大纲,对于中国之关税,分步改进,表面上此次努力之结果,似有成就,实则各国仍仅敷衍门面而已。两次失败之后,我国政府之努力,并未懈怠。十四年,我国召集美、英、日、法、意、荷六国代表,在北京开关税特别会议,经过几许折冲,各国始承认中国在民国十八年一月一日:有关税自主之权利,解除旧日协定税则之束缚。十六年四月,国民政府,定都南京后,即自动宣布关税自主,七月间颁布国定进口关税暂行税则,税率按货品之性质,分为四级,定于九月一日实行。公布之后,适以军事兴起,未得实行。十七年七月,全国统一,政府本平等协定之精神,与各国讨论废止旧日通商条约,得各国同意,一年之内,先后与美、德、比、意、英、法等国,缔结新通商条约,俱采关税自主之原则。十七年年底,颁布海关进口税则,定于十八年二月一日施行,关税自主乃实现。十九年五月,日本亦于最后与我国缔结互惠关税协定中承认,关税自主之运动乃告完成。十九年冬,颁布现行税则,定于二十年一月一日实行。其后进出口税则俱因实际需要,经过数次修正,乃成为今日实行之税则。

第五节　关税内容之变迁

在关税未自主以前，我国关税，向分为海关与常关二类。海关又分为进口税、出口税、子口税、复进口税、与船钞五种；常关则分五十里内常关、五十里外常关、与内地常关三种。民国二十年一月，常关撤销，海关之子口税与复进口税亦停征；同年六月，将出口税中之沿海贸易税部分，易名为转口税，使其独立存在，不再附属于出口税下，至此我国关税内容乃大变，而成为今日之形态。目前我国海关征收之税项，除代征各捐不计外，共有进口税、出口税、转口税、进出口附加税及船钞五种。其中转口税一项，系对于本国货物自此通商口岸转运到彼通商口岸者之课税，纯为一种国内通过税，与旧日之厘金无异，足以阻碍各地货物之流通，抑制国内工商业之发展，使全国各地经济不得有适当均衡之调剂，实为恶税，早在废除之列，政府亦久存此意。二十三年度内，已有多种货品，停征转口税。二十四年四月十八日，立法院又议决裁撤全部转口税，请行政院于六月一日实行，届时财政部以尚未得到适当抵补办法为辞，请求缓行。上列五税中，除转口税外，附加税一项，在性质上为临时为某项特殊之需要，如水灾赈济等而设，及此项特殊需要不存在时，附加税亦即撤除。中国关税内容最重要者，为进口税、出口税及船钞三项。二十四年六月，国民政府所颁布之《财政收支系统法》，谓："关税谓由海、陆、空进出国境之货物,进口税、出口税及海港之船舶吨税等税。"吨税(印船钞)系对于往来通商口岸之船舶所征课之税,与营业牌照税相似,列入关税范围之内,纯为征收上便利,收入甚微,年仅占关税总收入百分之一而强,无关重要。

第六节 进出口两税则修正之经过

关税自主以来,进出口两税则,变迁情形,分述如下。

第一款 进口税则修正之经过

在协定关税时期,因受条约之限制,进、出口正税一律定为值百抽五,我国不得修正之。迨关税自主以来,始推翻协定局面,取消从前均一之税率,而代之以差等之税率,依货物性质之不同,酌定差别之税则,遵照课税,中间因环境变迁,税则亦随之而加以修正。自关税自主迄今,进口税则共经过五次修正。

一、民国十八年进口税则,民国十七年十二月七日公布,十八年二月一日施行,并定一年为有效期间。其税率分为七级,最低为值百分抽七五,最高为值百分抽二七点五。此项税则,系合并旧日之正税税率,及十四年北京关税特别会议所提七级附税税率而成,化零为整,用充新定之税率,以自动之方式公布之,谓之《海关进口税则》。就其性质而言，多系根据成案，实为过渡之办法，非即完全自主之国定税则也。

二、民国十九年，海关金单位制之实施。我国进口税则，过去向按关平银两计算，而关税担保之外债，则须金付偿。自十八年间，世界金价腾涨，银价跌落，海关税收，有不敷偿债之虞，政府乃于十九年二月一日规定海关金单位制，对于海关进口税改按金币征收，每个金单位之价值为 60.1866 公厘纯金，当时合美金 0.40 圆，英金 19.7265 便士，日金 0.8025 圆。制定未久，而英、日、美相继放弃金本位，故现时金单位之折合率，系随各币所值之纯金格而定。此次修正，除制定海关金单位外，税则内容，仍旧毫无变更。

三、民国二十年进口税则，民国十九年十二月二十九日公布，二十年一月一日施行，为关税自主后之第一次国定税则。其税目计分十六类，六百四十七目，税率系按照货物之性质，分为十二级。

第一级

百分之五

第二级

百分之七点五

第三级

百分之十

第四级

百分之十二点五

第五级

百分之十五

第六级

百分之二十

第七级

百分之二十五

第八级

百分之三十

第九级

百分之三十五

第十级

百分之四十

第十一级

百分之四十五

第十二级

百分之五十

此表中所列之最低税率，课于各种机器进口；最高税率，课于烟、酒等奢侈品，并定米、麦、书籍等免税。综观全部税则货品，较十九年进口税则，其税率未变动者有二百三十二项；税率减低者有一百五十项；税率增高者，有四百五十一项；由此可见税率之一般提高，寓有保护之意。

四、民国二十二年进口税则，十九年五月所成立之中、日互惠关税协定，对于二十年之进口税则，曾予以限制，使其不能充分表现自主之精神。二十二年五月，适中、日互惠关税协定有效期满，乃对进口税则重加修正，于同月二十二日施行，其中税目计分十六类，六百七十二目。税率与二十年进口税则相较时，增高者有三百八十五项；减低者有九十二项；未变动者有四百三十三项。

五、民国二十三年进口税则，二十三年六月三十日公布，七月一日施行。其税目仍沿用二十二年之规定，分为十六类，六百七十二目，税率则有增者，亦有减者。合计全部税则货品，比较二十二年税则中规定，税率增高者有三百八十八项；减低者六十六项；照旧不动者，四百七十项；即为现行海关进口税则。

第二款　出口税则修正之经过

协定关税期间之出口税则，值百抽五，系于咸丰八年规定，民国十五年十月，又增设二点五附税，在关税自主之前，出口税率为百分之七点五，从关税自主以来，出口税则亦随时代之要求，而加以修正，前后凡三次，兹分述如下：

（一）民国二十年出口税则，二十年五月七日公布，同年六月一日施行。其税目计分六类，二百七十目，税率有从价者，亦有从量者，从价之税率为值百抽七点五，从量之税率为值百抽五，此税则施行后，屡以环境之要求，而有局部之修正。如：

（1）自二十二年五月十八日起，生丝免征出口税。

（2）自同年八月十一日起，纯丝制品免征出口税。

（3）自二十二年十月十三日起，米、谷、小麦、荞麦、高粱、玉蜀黍、小米与未列名杂粮，免征出口税。

（二）民国二十三年，出口税则，二十三年六月八日公布，同月二十一日施行，即为现行出口税则。其税目计分六类，二百七十目仍二十年税则之旧制，税率方面，新增加之减免项目颇多，综合全部税则货品，与二十年税则相较时，现行税则中，税率减低者有三十五项，新增之免税品，有四十四项。

（三）民国二十四年，修正出口税则，二十四年六月二十五日国府公布，现在尚未实行。在此修正税则中，税目仍旧，税率方面，则减免极多，动物产品，大都减税，海产鱼介，干鲜果品，则全部免税，蔬菜、植物、油类及花生、生仁亦皆减税；其他杂项货品，所免尤多。综计全部税则物品，此次减税者凡四十一项，免税者凡八十七项，加以原已免税之三十八项，则出口免税者，共计一百二十五项，可谓少数特产仍照征者外，大宗出口货，俱得减免之利矣。

第七节　关税收入

我国海关税收，可分为两个时期：第一时期，即在民国十八年以前，为协定税则时代；第二时期，则自十八年起始为关税自主后之国定税则时代。在第一期中，海关进出口税率俱协定为值百抽五，因有条约之限制，我国无权修改。民国十八年，我国关税自主，自此以后，为我国关税第二时期。在此时期中，一方以国际贸易数量增加，一方以税则屡经修正，税率屡次提高，故税收较增，民国二十年乃达到最高峰，是年海关税收总数为386,912,239元，几当民国元年税收之六倍，民国十七年之三倍。兹将民元以来，历年关税收入数目，罗列下，并以民元为基年，制出指数，以资比较。

附表一　民国元年份至二十四年份关税收入数额表

年　份	收入数额（国币）	指　数
民国元年	66,744,495	100
二年	73,069,054	109
三年	65,913,568	99
四年	63,149,285	95
五年	64,674,069	97
六年	65,381,720	98
七年	62,817,127	94
八年	78,683,468	118
九年	84,452,044	127
十年	91,898,164	138
十一年	98,078,976	147
十二年	105,935,246	159
十三年	115,052,783	172
十四年	116,223,931	174
十五年	128,732,675	193
十六年	112,985,364	169
十七年	133,939,793	201
十八年	245,225,292	367
十九年	291,697,014	437
二十年	386,912,239	580
二十一年	292,954,026	439
二十二年	325,388,702	488
二十三年	334,645,408	501
二十四年	315,519,712	473

　　吾人观察上面之表，得知我国关税收入，有逐年增加之趋势。盖在关税自主以前，系因国际贸易之增进，与征税物价之修正；在自主之后，则因一方国际贸易之有增无减，而一方颁布国定税

则，提高税率，从前进口税率，原有值百抽五，后又有二点五附加，合计只为值百抽七点五。迨十一年关税自主，施行国定税则，税率定为七级，最低者为百分之七点五，最高者为百分之二七点五，海关收入，随之而增；后以十九年采用海关金单位制度，与二十年之重新颁布税则，增高税率，故税收继续增加，而于二十年登峰造极矣。二十一年度，因承上年"九一八"事变之后，东北各关，先后封闭，税收损失甚巨，复受"一·二八"战事影响，贸易一落千丈，沪关税收锐减，其他各埠，亦因先后二次事变，商业萧条，税收短少。民国二十二、二十三两年度中，虽世界经济恐慌，国内农村破产，然以海外贸易之略进，与政府整顿税制之结果，税收数额，又能缓缓上升。至二十四年度，则以美国白银政策实施之结果，使我白银外流，人民对外购买力萎缩，加以夏季江河泛滥，水灾蔓延十数省，人民购买外货之能力愈微，故海关进口货又减，税收亦低于上年矣。

第八节　金融机关

第一款　银行

我国银行，可分为九大类，分述如下：

甲、中央银行　民国初年，我国并无正式之中央银行，彼时中国银行，虽具代理国库及发行纸币之特权，然事实上究不足以当中央银行之使命。民国十三年,广州始有中央银行之组织。十五年十二月,国民政府在汉口设立中央银行。十六年十月,政府颁布《中央银行条例》,明定:"中央银行为特定国家银行,由国民政府设置经营之。"设筹备处于上海。十七年十月六日《中央银行条例》又经国府会议修正通过,同月二十五日《中央银行章程》亦经国府会议通过公布,而中央银行遂于十一月一日正式开幕,其资本总额定为国币二千万圆,由国库一次拨足。至二十三年四月,复经行政院议决增加资本总额为一万万圆;自二十四年十一月法币政策实行以后,中央银行有改组为中央准备银行之议。中央银行之营业照二十四年公布之《中央银行法》之规定,其特权有:(一)发行本位币及辅币之兑换券;(二)经理政府所铸本位币、辅币,及人民请求代铸本位币之发行;(三)经理国库;(四)承募内外债,并经理还本、付息事宜。其普通业务有:(一)经收存款;(二)收管各银行法定准备金;(三)办理票据交换,及各银行间之划拨结算;(四)国民政府发行或保证之国库证券,及公债息票之重贴现(前款证券及息票之到期日,自重贴现之日起,至多不得超过六个月);(五)国内银行承兑票,国内商业汇票及期票之重贴现(前款票据须为供货物之生产、制造、运输或销售所发生,其到期日自本银行取得之日起,至多不得过六个月,并至少有殷实商号二家签名;但附有提单、栈单或仓单为担保品,且其货物价值超过所担保之票据金额百分之二十五时,有殷实商号一家签名,亦得办理之);(六)买卖国外支付之汇票;(前款汇票,如系由进出口贸易所发生,见票后其到期日不得过四个月;如系承兑票,其到期日自本银行取得之日起,不得过四个月;所有依照商业习惯定支付日期之汇票,应至少有殷实商业二家签名，但附有提单、栈单或仓单为担保品，且其货物价值超过所担保之票据金额百分之二十五时，有殷实商号一家签名亦得办理之。）（七）买、卖国外殷实银行之即期汇票、支票；（八）买、卖国民政府发行或保证之公债库券，其数额由理事会议定之；（九）买、卖生金、银及外国货币；（十）办理国内外汇兑，及发行本票；（十一）以生金、银为抵押之放款；（十二）以国民政府发行或保证之公债库券为抵押之放款，其金额期限及利率，由理事会议定之；（十三）政府委办之信托业务。至中央银行之组织，于总裁之下，设发行及业务两局。二十一年八月，因汇兑业务日繁，另设汇兑一局。至二十三年一月，复将该局并入业务局办理，而另设国库局。二十四年十月，又有信托局之成立，业务进展，于此可见。

乙、特许银行　吾国经政府特许设立之银行有二：一为中国银行；一为交通银行；中国银行为政府特许设立之国际汇兑银行，而交通银行则为政府特许设立之实业银行。中国银行原为前清之大清银行所改组。民国元年，政府主张将大清银行清理由财政部另拨资本实行改组。因有中国银行成立，其大清银行商股、商存，由中国银行担负，分期偿还。是年另订《中国银行章程》，设总行于北平，遍设分支行于各省都会及重要商埠，有代理国库发行钞票之特权，并陆续召集商股，唯为数不多，迄民国五年为止，因国家日趋统一，财政状况渐佳，故中国银行营业极为发达。五年春间，袁世凯称帝，反对蜂起，统一之局，遽而破裂，是年五月，北京政府有停止兑现之乱命，中国银行上海分行，不肯奉行，组织股东联合会，与上海绅、商各界合作，维持兑现。民国六年，修改条例，除官股外，并拟招足商股一千万元；十年，增收商股，官股亦次第改为商股，已收股本达一千九百余万圆，是时中国银行盖已渐入巩固地位。唯自中央银行正式成立后，中国银行，已失去其固有之地位；十七年，因改订条例，将总管理处迁移上海，同时加入官股五百万元，合商股共为二千五百万元，并明定该行为国际汇兑银行，受政府委托，得办理下列各项事务：（一）代理政府发行海外公债及经理还本、付息事宜；（二）经理政府存在国外之各项公款，并收付事宜；（三）发展及扶助海外贸易事宜；（四）代理一部之国库事宜，并仍有发行兑换券之特权。条例中规定中国银行营业种类，其第一项即为："国内外汇兑，及货物押汇。"至二十四年三月，财政部修改《中国银行章程》，增加官股1500万元，合原股为4000万元，官、商各半。

交通银行，原成立于前清光绪三十四年，由官、商合办，定股本总额为库平银一千万两，先收五百万两，总行设于北平，分支行遍设各地，其营业除管理当时交通部所辖之路、电、邮、航四政收付外，得受政府之委托，分理国库及受政府之特许，发行兑换券，且得营国内外汇兑及跟单押汇，几与今日新条例下之中国银行立于同等地位。故自中国银行新条例颁行后，国府随有交通银行新条例之公布，并明文规定："交通银行经国民政府之特许为发展全国实业之银行。"其特权凡五：（一）代理公共实业机关发行债票，及经理还本、付息事宜；（二）代理交通事业之公款出入事项；（三）办理其他奖励及发展实业事项；（四）经理一部分之国库事项；（五）经财政部之特准得发行兑换券。新条例更明定设总行于上海，改股本总额为国币1000万元，由政府认股二成，余作商股。二十四年四月，财政部修改《交通银行章程》，定资本总额为2000万元：官股占1200万元，商股占

800余万元。

丙、省立银行　省立银行为各省政府所设立，以处理全省之金融，如山西之山西省银行、山东之山东省民生银行、四川之四川地方银行、江苏之江苏银行、河北之河北省银行、浙江之浙江地方银行、陕西之陕西省银行、湖北之湖北省银行、湖南之湖南省银行、安徽之安徽地方银行、云南之富滇新银行、宁夏之宁夏省银行、广西之广西银行、广东之广东省银行等均是。

丁、市立银行　市立银行，为各市政府所设立，如：上海之上海市银行、南京之南京市民银行、南昌之南昌市立银行、广州之广州市立银行等均是。其资本大都全部为市政府所筹拨，唯间有一部为商股者。至其营业范围，则除普通银行一般业务外，亦每有其独具之业务如：（一）代理市政府发行债票，及还本、付息；（二）保管市属各机关或公共团体之财产及基金；（三）办理贫民借本事项；（四）代理市金库；（五）发行兑换券等是。

戊、商业银行　商业银行，以调剂商业资金为其主要任务，金融借以周转灵通，商业赖以日臻隆盛，如吾国成立最早之中国通商银行、吾国商办银行中规模最大之上海商业储蓄银行、唯一以女子为中心之上海女子商业储蓄银行等。从数量言，实占全国银行之半数，为银行业之中坚。

己、储蓄银行　储蓄业务，大都为各商业银行所兼营，其专营储蓄，或以储蓄为主要业务者，为数不多，如：杭州之浙江储蓄银行、上海之新华信托储蓄银行、惠丰储蓄银行、福州之华南储蓄银行、嵊县之嵊新地方储蓄银行等均是。

庚、实业及农工银行　实业及农工银行，其业务偏重于实业及农工之放款。此项银行，在吾国为数亦多。其以实业为目标者，如中国实业银行、浙江实业银行；其以农工为对象者，如中国农工银行、河南农工银行、青岛市农工银行；其纯粹农民银行，如：中国农民银行、江苏省农民银行等是。

辛、专业银行　专业银行系侧重一业之金融机关，如盐业银行之侧重盐业往来、上海煤业银行之侧重煤业往来、浙江典业银行及松江典业银行之侧重典业往来、上海绸业银行之侧重绸业往来、广州丝业银行之侧重丝业往来，均其实例。此种专业银行，除与其有关之一业外，虽仍与外业往来，然其主要营业，则恃一业为依归，是亦吾国银行业之特色也。

壬、华侨银行　华侨银行，大致为华侨富商所创办。如中南银行，则大都营业均在国内。如中兴银行，则注重菲律宾侨商之往来，而设总行于马尼拉。如四海通银行，则注重新加坡，而于香港及网咯，均有分行。华侨银行总行亦设新加坡，而于上海及南洋各地，遍设分行。

第二款　钱庄

辛亥革命之时，因时局之震撼，元气斲伤，上海钱庄，在此一时期，最为困难也。民国元年正月之南北市钱庄，有二十四家，即南市之安康、乾元、义昌、源升、衡九、元春、聚生、元昌、安裕；北市之福康、豫源、赓俗、承裕、恒祥、永丰、存德、元牲、兆丰、怡大、恒兴、瑞昶、鼎康、同余、汇康。从民国元年至民国十年，由二十余家至七八十家。民国十年，上海发生信托公司与交易所风潮，停业者五家。十三年，钱业家数达八十九家，是年停业者十三家。十六年停业者五家，二十三年停业者七家。民国以来，钱庄在金融市场，占绝大优势，虽银行林立，仍未稍移其地位，以地产价格之日腾，致其后盾日益坚固，汇划庄本票流通，力量与现金相等，中外商人，无不信仰。及民国十七年，裕大庄倒闭，衡余、元甡，相继停业，庄票信用，大受打击。但以其时适值国内匪祸纷扰，资本奔投上海，游资充溢，地价高腾，钱庄业正值繁荣时期，故虽曾经一度挫折，终归胜利。民国二十年间，全市钱庄竟达八十家。（以汇划庄计）"一·二八"以还，繁荣之基础均遭打破，固有之地位遂渐见动摇，至去岁仅存六十五家，资本总额 2,070,002,000 元，继而清理者又十家，甚至更有新组尚未开幕而告崩溃者；今年所存仅五十五家，资本总额 19,382,000 元，其衰落之速率，及不景气之情形，可见一斑。因此今日庄票信用，遂与前迥异。因工商衰落，信用放款紧缩；抵押放款，亦因物价下跌关系，莫能发展；更因银行势力极度扩张，信用渐坚，利息较厚，遂使钱庄营业艰难，利润骤减，钱业界若不设法自救，恐数年之后，不能立足金融市场，蹈票号之覆辙也。

第三款　信托公司

我国信托事业，权舆于民国十年。唯当时为一时投机所冲动，而无真正信托之基础。溯民国十年之时，上海一区，交易所之先后成立者，百数十家；香烟、烛皂、煤油、火柴、无一不有交易所；又有夜市交易所、星期日交易所，包罗万象，光怪陆离，而同时信托公司，亦突飞猛进，不数月间，如中国商业、上海运驳、大中华、中央、中华、中外、中易、通商、通易、神州、上海、华盛等信托公司，蓬出勃发，群以资本雄厚相号召，大则千余万，小亦数百万。当时信交狂热，不仅上海一埠为然，北平、汉口等处，均步上海之后尘，然不旋踵而交易所首先失败，信托公司亦相继倒闭，演成信交风潮；不卷入旋涡者，仅中央信托公司（即今日中一信托公司）与通易信托公司两家而已。盖当信交风潮之际，一般信托公司之设立，极少社会经济之基础，而仅为投机之利器，计划既鲜远谋，经营亦乏稳定，筹设未竣，即以本公司之股票投机买卖，从中渔利，一面既以本公司之股票作交易所之投机品，一面以交易所之股票抵押借款于公司，又难免交易所之操纵。交易所一经失败，信托公司即随之以俱逝，且持有公司之股票者，亦唯知乘机出售，攫取利益，毫无永久保持之意，于是股东朝易暮更，公司无负责之人，此当时信托公司之所以失败也。民十以后，信托事业，惨淡经营，事业既入正轨，扩展时有新献。民国十七年以后，添设之信托公司，有如国安、中国、上海、恒顺、东南、通汇、和昆、中级等各信托公司，皆系后起英俊。各大银行如：中国、交通、上海、国华、新华、大陆、浙江、实业、浙江兴业等银行，亦各有信托部之专设。官立之信托机关，二十二年十月有上海市兴业信托社之创设，系上海市政府所办；二十四年又有中央信托局之开业。唯此二家官立信托机关，虽其成立之目的，初为经营公家之事业，然观其营业范围，亦扩充服务于一般民众。且中央信托局之成立，将为全国信托界之领袖。兹将各信托公司之资本列表如下：

牌号	资本总额	实收资本
中央信托局		10,000,000 元
中一信托公司（原名中央信托公司）		3,000,000 元
上海市兴业信托社		1,500,000 元
上海信托公司		1,000,000 元
东南信托公司		1,000,000 元
恒顺信托公司		750,000 元
国安信托公司		500,000 元
通汇信托公司	1,000,000 元	500,000 元
和昆信托公司		500,000 元
中国信托公司	1,000,000 元	480,000 元
广东信托公司	1,000,000 元	277,300 元
中级信托公司		100,000 元
重庆信托公司		100,000 元

上列各信托公司，实收资本合计达 2100 余万元，各银行之信托部，或有划分资本，或未划分资本，总之，皆以各银行原有之实力与信用为后盾，可见现在吾国信托公司之地位，虽尚未能与其他金融机关并驾齐驱，而近年以来，进步亦甚锐速；虽二十三年一年中有东方信托公司与华侨信托公司两家之倒闭，二十五年中有通易信托公司之破产，而信托本业不受其影响。近年信托本业之发展进行，不遗余力，虽各家营业范围，各有不同，业务上注重之点，亦各家互异，而各家精神团结，颇有显著之进步也。

第四款　邮政储金汇业局

邮政储金，创办于民国八年，当时系由邮局兼办。民国十九年时，制度略有变更，由交通部将储金、汇兑两部分划外，设立邮政储金汇业总局，专责办理储金、汇兑业务，限额以一元起即可开户，最高额私人限定 3000 元，团体限定 4000 元，全国 700 余邮区，办理储金。该局最近统计，储户计 20 万以上，储金总数 5000 余万元。至邮政储金汇业局办理国际汇兑，计二十二年度开发款数 151,888,005 元，兑付款数 193,084,625 元；二十三年开发款数 158,219,009 元，兑付数 232,889,736 元；二十四年上半年度，自七月份起至十二月份半年中，开发款数 700,671 元，兑付数 1,285,309 元。现国内邮汇区域，业经交部扩充至 170 余处，可直接与英、法、美、比、德、日及波兰、丹麦、印度等 20 余国通汇。

第九节　废两改元之成功

民元以后，各界会议实行废两改元，而因商界习用已久，未能实现。至二十一年秋，财政部屡经与沪上银、钱两界商议，并组织废两改元研究会，决定废两改元之方案。二十二年三月十日，定规元七钱一分五厘合银币一元，为一定之兑换率，废止银两，同时颁布银本位币铸造条例,定银本位币总重二六点六九七一公分,银八八,铜一二,合纯银二三点四九三四四八公分,同年四月五日,财政部布告,谓:"兹定四月六日起,所有公私款项之收付,与订立契约票据,及一切贸易,须一律改用银币,不得再用银两,其在是日以前,原订以银两为收付者,在上海应以规元银七钱一分五厘折合银币一元为标准,概以银币收付。如在上海以外各地方,应按四月五日申汇行市,先行折合规元,再以规元七钱一分五厘折合银币一元为标准,概以银币收付。其在是日以后,新定契约票据,与公私款项之收付,及一切贸易,而仍用银两者,在法律上为无效。至持有银两者,得依照银本位币铸造条例之规定,请求中央造币厂代铸银币,或送交就地中央、中国、交通三银行代兑银币行使,以资便利。"又令海关自四月六日起,除中央造币厂厂条外,所有可供铸币银类运送出口者,征税百分之二点二五以示限制,而保币材。上海市商会、银行业同业公会、钱业公会,自奉命后,均通告同业遵办。天津、汉口等地之商会、银钱两业公会,亦均遵照部令办理。上海外商各银行之存户,初尚狃积习,不愿改作洋户,继经洋商银行公会议决,规定银户至六月三十日为止,过期以后,如仍愿继续者,概不计息。自此以后,洋商银行,亦均废两矣。

第十节　法币政策之实施

自近来世界经济恐慌，各重要国家相率改定货币政策，不许流通硬币。白银价格剧烈变动以来，我国以银为币，遂至大受影响，国内通货紧缩之现象，至为显著；因之工商凋敝，百业不振，而又资金源源外流，国际收支，大蒙不利，国民经济，日就萎败，种种不良状况，纷然并起。计自民国二十三年七月至十月中旬三个半月之间，白银流出，凡达二万万元以上。设当时不采有效措施，则国内现银存底必有外流馨尽之虞。财政部特于二十三年十月十五日施行征收白银出口税，兼课平衡税，藉以制止资源公开外溢，保存国家经济命脉，紧急危机，得以挽救。顾成效虽已著于一时，而究非根本办法。况近来国内通货，益加紧缩，人心恐慌，市面更形萧条，长此以往，经济崩溃，必有不堪设想者。国民政府为努力自救，复兴经济，必须保存国家命脉所系之准备金，以谋货币余融之永久安定，于是参照近今各国之先例实施法币政策。兹述其办法如下：

一、自本年十一月四日起，以中央、中国、交通三银行所发行之钞票，定为法币，所有完粮、纳税及一切公私款项之收付，概以法币为限，不得行使现金。违者全数没收，以防白银之偷漏。如有故存隐匿，意图偷漏者，应准危害民国紧急治罪法处治。

二、中央、中国、交通三银行以外，曾经财政部核准发行之银行钞票,现在流通者,准其照常行使,其发行数额即以截至十一月三日止流通之总额为限,不得增发。由财政部酌定期限,逐渐以中央钞票换回,并将流通总额之法定准备金,连同已印未发之新钞,及已发收回之旧钞,悉数交由发行准备管理委员会保管。其核准印制中之新钞,并俟印就时,一并照交保管。

三、法币准备金之保管,及其发行收换事宜,设发行准备管理委员会办理,以昭确实,而固信用。其委员会章程另案公布。

四、凡银钱行号商店,及其他公私机关,或个人持有银本位币或其他银币、生银等银类者,应自十一月四日起,交由发行准备管理委员会,或其他指定银行兑换法币。除银本位币按照面额兑换法币外,其余类各依其实含纯银数量兑换。

五、旧有以银币单位订立之契约,应各照原定数额于到期日概以法币结算收付之。

六、为使法币对外汇价,按照目前价格稳定起见,应由中央、中国、交通三银行,无限制买卖外汇。

以上办法,实为复兴经济之要图,并非以运用财政为目的。即中央银行之组织,亦将力求改善,以尽银行之银行之职务。其一般银行制度,更须改革健全,于稳妥条件之下,设法增加其流通性,俾其资金充裕后,得以供应正当工商企业之需要,并将增设不动产抵押放款银行,修正不动产抵押法令,以谋地产之活泼。现经财政部切实筹划,不日呈准次第实行。

民国二十五年五月十七日,财政部宣言谓:"自上年十一月三日公布法币政策,经政府积极施行,半年以来,国外汇兑,已形稳定,国家经济,及人民生活,亦臻顺适。兹根据过去经验,并审讨国内外金融现况,规定施行事项于下,以谋金融之安全,而增法币之保障：

（一）政府为充分维持法币信用起见，其现金准备部分，仍以金银及外汇充之：内白银准备最低限度，应占发行总额百分之二十五；

（二）政府为便利商民起见，即铸造半元、一元银币，以完成硬币之种类；

（三）政府为增进法币地位之巩固起见，共现金准备业已筹得巨款，将金及外汇充分增加。依据上项规定，我国币制，自应保持其独立地位，而不受任何国家币制变动之牵制。法币地位，既臻稳固，国民经济，常趋繁荣，此堪深信者也。"

自中央、中国、交通三银行钞票，指定为法币，中国农民银行钞票，特准与法币同样行使后，其他各发行钞票银行准备金，一律归发行准备管理委员会接收。今中央、中国、交通三行法币，应市面需要，随时发行，至八月底截止，中央为 30,005,955,375 元，中国为 367,425,895 元，交通为 2,000,647,451 元，至于中国农民银行钞票总额为 10,000 万元。唯浙江兴业、中国实业、中国农工、中国通商、中国垦业、浙江地方、四明、农商、中南等九家银行，以前所发钞票，业经发行准备管理委员会逐渐收回，目前流通市面者，为数不多，再经过相当时期，便可完全收回。并俟中央银行改组为中央准备银行后，专门经营国库，保管各银行之准备金，收存一切公共资金，供给各银行再贴现之便利，不再经营普通商业银行业务，于二年以后，享受发行专权。关于辅币券之发行，由省立银行办理，如浙省浙江地方银行、江苏之江苏农民银行、皖省之安徽地方银行、赣省之江西裕民银行等均是。

第十一节　全国交通状况

第一款　铁道

我国现有铁道，共三十四线，关外之沈、海、奉山、吉海、四洮、洮昂、吉长、吉敦、齐克、呼海等九线，自"九一八"事变后，已由南满铁路代营。中东、南满、滇越等三线，为外人所经营。个碧、潮汕、漳厦、新宁、川北等五小线，纯为民营。新筑之淮南、江南、浙赣等三线，则为半官、半商性质。原有各大干线，几全为国有、国营，内计有平汉、北宁、津浦、京沪、沪杭甬、平绥、正太、道清、陇海、广九、湘鄂、胶济、南浔、广韶等十四线，其中北宁一线，原称京奉，现关外一段，已改为奉山，故现有路线，仅北平至山海关间之关内一段而已。湘鄂与广韶二线，原为粤汉之南北段。现全线工程告竣，已行通车，仍为粤汉一线。道清一线已经铁道部改为平汉支线，故全国国有铁道之名称，成为十二线矣。

第二款　公路

我国古代道路，素称发达，尤以北方一带，少长江大河，以为转运之工具者，莫不唯道路是赖。且代有路政专官，以司其事。

自清末废驿邮之制，道路遂告失修。迨汽车输入中国后，旧有道路，概不适用，于是乃有改筑新式道路之议。民国二年，湘省修筑长沙至湘潭之军用路一段，是为我国新式道路之始。六年，张家口、库伦间创大成汽车公司，行驶汽车，是为我国长途汽车之始。七年，交通部颁布《长途汽车公司条例》十七条，及发给《执照规则》十三条，是为我国新式路政制度之始。十七年，交通部以兰州为中心，有经四纬三道路计划；十八年，铁道部有十二国道计划，均因种种关系，未能切实执行。规划及建筑事宜，仍随各地方之需要，由各省自行办理，而无整个之方针。兹据全国道路建设协会之统计，民国十六年至二十年间，由二万九千公里增至六万六千公里以上。由民国十年至二十四年之公路数字如下：

全国公路年别统计

年份	通车公里数	增加公里数
民国十年	1,185	6,815
十一年	8,000	5,611
十二年	13,611	2,389
十三年	16,000	7,303
十四年	23,303	2,803
十五年	26,111	3,059
十六年	29,170	1,380
十七年	30,550	3,894
十八年	34,444	12,222
十九年	46,666	19,445
二十年	66,111	14,758
二十一年	80,899	17,262
二十二年	98,161	9,430
二十三年	107,591	
二十四年	128,500	2,909

上表中之公路里程，虽大有增加，然省与省间，殊少联络，至未能充分发挥公路之效用。且筑成路线，有不能维持而任其破坏者，更不经济。二十一年五月，国民政府设全国经济委员会，以促进经济建设为主要使命，成立伊始，首即商请苏、浙、皖三省及京、沪二市，组织五省市交通委员会，着手整理及兴筑五省市之联络公路网，分为京杭、沪杭、京芜、杭徽、苏嘉、宣长等六线，线长1043公里，内已成者为538公里，未筑者亦于二十二年全部完成，因此而能互通汽车之公路，达2000余公里。先是二十一年十一月军事委员会为军事运输关系，特在汉口召集苏、浙、皖、赣、湘、鄂、豫七省公路会议，议定七省联络公路路线，由经济委员会负责督造，于是我国公路之建筑，乃进入一突飞猛进之新时代，除拟定干线十一，支线六十，总长24000余公里外，并决定筑路养路原则八条。二十二年，闽变平定后，该省公路2600公里亦加入督造范围内，遂有今日八省联络公路之称。二十三年，经济委员会复直接兴筑西北公路，计长2500公里，于是督造公路总计增至29000公里，经三年之努力，已完成通车2000公里。正在建筑中者，有3500公里，未施工者，仅5500公里。

第三款　邮政

我国近年以来，扩展邮路，多设局所，不但通商大埠，省、市、县城，设局通邮，即较大之集镇，皆设立代办所，乡村之间，亦设立信柜。又不但通都、大邑，内省腹地，尽量推行，即边远地方，如蒙古、宁夏、新疆、青海、西康、西藏等处，亦均积极扩展。

据邮政总局统计，截至民国二十四年年底，全国计有邮政管理局二十二所，一等邮局30所，二等邮局819所，三等邮局1303所，邮政支局295所，邮政代办所10183所，城邑信柜8493个，村镇邮站23735处，全国邮路，计长55万余公里。邮局运送邮件，采用最敏捷之方法。从前邮差步行之邮路，现多改骑自行车；通汽车之处，即改用汽车装运；通轮船之处，即改用轮船装运；通火车之处，即改用火车装运；近更开办航空邮递，用飞机装运。以前收寄快信之邮局，全国只有九百余处，自二十三年十月起，开办平快信，只于平信邮资之外，加费五分，使全国邮局一律举办。以前包裹，一律由重班寄递，到达之时间，比信件为迟。凡交寄有时间性之包裹者，感觉不便。现已另订办法，将包裹重量在一公斤以内，长宽不逾九十公分者，作为小包邮件，与信件一同运送。轮船、火车、汽车及航空通道之处各局所，皆可收寄，使包裹寄递，亦能迅速。邮局汇款，与社会金融，大有利益，因偏僻县份，乡村集镇，无钱庄及银行，汇兑款项，极为不便，邮局或邮政代办所，则到处皆有，随时随地，皆可汇兑，社会金融，赖以活动，其有益于一般民众，不待言矣。以前通汇地方不多，汇款限制颇严，自民国十九年开办邮政储金汇业局以来，汇兑业务，大加扩充，既将办理汇兑局所增多，并将各局开发汇票款额提高。又为偏僻地方向通商大埠购货便利起见，准各代办所均得开发汇票至上海，亦得与其邻近邮区局所通汇。我国邮政储金创始于民国八年，其初仅有存簿储金一种，至民国二十年，国民政府公布《邮政储金法》，定为存簿储金、支票储金、定期储金、划拨储金四种。储金存户，储金数目，岁有增加，至民国二十四年，储金存户约有二十万户，储金总数约达四千万元左右，盖因邮政储金，系以邮政全部财产作担保，储金运用，又极谨慎，其信用最为稳固，故民众皆乐于存储。又邮局于民国二十四年举办简易人寿保险，是为中下级人民谋经济之保障，兼有养成储蓄习惯之意。因平民以其辛勤所得，汗血之资，零星储蓄，备为身后或子女教养之费用，若无稳定机关，代为经管，则不能坚其积久储蓄之恒心。邮局代为经管，人人认为稳妥，保费又极低廉，手续尤为简易，于中下级人民经济，裨益良多。去年已开办上海、南京、汉口三处；江苏、安徽、江西、湖北、湖南等省，亦定于本年三月一日开办；将来再逐渐推行于全国。

第四款　电政

电政包括电报、电话两种：电报又分为有线电报和无线电报。电话又分为市内电话和长途电话。兹分别言之：

第一，有线电报　有线电报，历史最久，范围亦最广，全国电报局所截至民国二十四年，总共一千三百九十四处，内有电报局九百七十二所，营业处二百七十七所，代办处一百四十五所。我国土地广阔，此一千三百余处电报局所，自不足以言普遍；但无电报局所之处，亦有补救办法，使其同样能通电报。一为邮转电报，凡无电报局而有邮局地方，邮局皆可收发电报，以迅速方法，代为转寄。二为铁路经转电报，将车站报房与电报局接线通报，凡无电报局而有车站报房地方，车站报房亦可收发电报，均能补救不足。所以只须收受电报者有确实地址，即有应用电报之便利。

第二，无线电报　无线电报，在革命军北伐之时，始为电信界所注意。历史虽短,而发展程度异常迅速,现在部办之无线电台,全国已有六十三处。国内各大都市均有设立,无线电报之利用,在边疆及国际方面,效用尤为明显。

第三,市内电话　办理市内电话,现有三十二处。采用自动机者,有南京、天津、青岛、武汉、上海五局;采用共电式机者,有北平、吴县、镇江、南昌、长沙、长安六局;采用磁石式机者,有烟台、太原、芜湖、江都、清苑、九江、蚌埠、沙市、郑州、洛阳、榆次、安阳、威海卫、潼关、东台、宜昌、龙口、兰州、成都、铜山、大同等二十一局;总计现装容量有六万九千五百余号,现用号数约五万号。至民营电话公司,现经交通部核准立案者,容量约有两万号,以磁石式机居多。

第四,长途电话　我国对于长途电话,从前尚少注意,最近为适用需要,努力建设已有相当发展。总计全国通话处所有六百处左右,话线已有九千二百余公里,报话合用之线路,尚不在内。不过我国现有长途电话,通话范围尚不能过远,其效能不能充分表现。

第五款　航政

根据最近调查,现在航行我国沿海及内河各航线之轮船,约有一百二三十万总吨。但曾经在交通部注册之本国轮船,截至二十三年年底止,仅有 667,930 总吨,且强半为数十吨之小轮船。至于外国轮船,在我国沿海及内河各航线行驶者,约有 522,000 余吨,而总吨数在 300 吨以下之轮船,尚不在内。又外国轮船公司之资本雄厚,其船只之购造、公司之管理,均较我国优良,所以在营业方面,不易与之竞争也。

第一,国营招商局状况　招商局为我国较大之航业机关,有悠久之历史,惜历年办理腐败,以致营业不振,负债累累。民国二十一年收归国营,以政府力量加以整理,唯积弊已深,整理不易耳。

第二,民营航业状况　现今我国民营轮船,虽有五十多万总吨,但规模较大之公司,仅有二十余家,其余大都仅有一两艘轮船之小公司而已。其中规模最大者,为三北轮船股份有限公司、政记轮船股份有限公司及民生实业股份有限公司等。三北公司成立于民国三年,有轮船20余艘,共31000余总吨,航线遍南北洋及长江,公司资本达200万元,在近年航业衰落状况之下,营业尚有盈余。政记公司,成立于前清光绪三十一年,民国九年改组,公司设于烟台,为经营我国沿海航线之航业机关,现有轮船25艘,共31000余总吨,公司资本250万元,营业尚佳,唯近年因处于特殊情形之下,北洋营业,大受影响。民生公司,于民国十四年成立,其营业范围,注重川江及长江中下游,现有轮船20余艘,公司资本100万元,营业发达,可谓我国民营航业后起之秀。此外如宁绍商轮股份有限公司、肇兴轮船股份有限公司、鸿安商轮股份有限公司、大达轮船股份有限公司、达兴商轮股份有限公司等,资本有30万元至150万元不等。

第六款　民营航空

民用航空,为一种新兴之交通事业,历史甚短。我国北京政府于民国十年,设立航空署,开办北京、济南间定期航班,实行载客、运邮，未几即行停办。直至国民政府成立以后，民国十八年，始与美商航空公司合资，设立中国航空公司，开办南京至上海之京沪航班。民国十九年，交通部又与德商汉沙公司合资，设立欧亚航空公司，筹办上海、柏林间直达航线，与中国航空公司分途发展。至民国二十三年，两广又设立西南航空公司，故现在我国共有三个航空公司，即中国航空公司、欧亚航空公司、西南航空公司是也。西南航空公司，开办不久，仅有广龙、广琼南两条航线，共长1503公里。兹将中国、欧亚两航空公司之航线、营业各种状况，分别证明于下：

一、航线状况　中国航空公司，自民国十八年起，至民国二十四年，陆续开辟航线五条：一为沪蜀线，自上海至成都，长1981公里；二为沪平线，自上海至北平长1197公里；三为沪粤线，自上海至广州，长1623公里；四为渝昆线，自重庆至昆明，长755公里；五为广河线，自广州至河内，长835公里。共长6391公里。欧亚航空公司，自民国十九年起，至民国二十四年陆续开辟航线四条：一为沪新线，现由上海通至兰州，长1860公里；二为平粤线，自北平至广州，长2050公里；三为兰包线，自兰州至包头，长828公里；四为陕蓉线，自陕西至成都，长600公里。共长5330公里。三公司航线合计，共长13224公里。自十九年起，每年增辟航线，约2000公里。现仍继续增辟，在不久之将来，全国各重要城市均可有载客、运邮之飞机出现。

二、营业状况　民用航空之业务：一为运邮；二为载客。查民国十九年，全国航空邮件，约重26000公斤。二十三年，约重56000公斤，计增一倍以上。二十四年七月至十一月四个月，航空邮件，共重20500公斤以上。以此推算，较二十三年同期之数,增加10%,较十九年同期之数,增加157%强。至于乘坐飞机之旅客,民国十九年为2915人,二十三年为7633人;二十四年七月至十一月四个月,为5461人。依此推算较二十三年增加115%,较十九年增加460%以上。若就营业收入而论,民国二十四年七月至十一月四个月,共收98万元,较二十三年同期收入增加45%,较十九年同期收入增加470%。由是可见我国民用航空之营业,逐年发达,进步甚速。

第十二节　海外华侨现状

第一款　华侨经济发展之基础

华侨向外经济之发展,多系采取渐进之步骤,由劳动者而小商人,以至于企业家,其经济发展之基础,颇为强固,实非短期间所能建立。南洋华侨能造成今日之坚强基础者,非一朝一夕之事。华侨初至南洋时,多胼手胝足,节衣缩食,及至略有蓄积,然后经营小商业,渐至转运土产,售与欧人,或为欧人经纪,贩货与土著,于是造成中介商人之地位。

第二款　华侨投资之类别

南洋为华侨经济发展最繁盛之区，华侨之投资额，虽尚无准确之统计，但华侨在砂糖、米及锡三大企业上所投资之数额，实占优越地位。兹将世界各地华侨主要之营业列举于下，就其地方类别，亦可略见华侨在世界各地经济活动之梗概。

一、暹罗华侨主要之营业，为碾米、锯木等业。

二、越南华侨主要之营业，为碾米、药材、棉业、树胶园及杂货馆等。

三、荷属东印度、英属马来亚两属华侨之营业，极为普遍，举凡黄梨、锡矿、胶园、椰干、椰油、烟叶、典当，以及各种市场营业、各种劳动工作，除金融机关大经营外，华人皆居重要地位。

四、缅甸与菲律宾二属，则以经商为多。

五、日本华侨之主要职业，为洗衣工、理发匠、菜馆及小贩等。

六、朝鲜华侨主要职业，工则矿、木两方，商则绸缎、夏布庄及餐馆等。

七、台湾华侨遍地皆是，故职业不胜枚举。

八、亚俄华侨之营业及工作，与朝鲜各地略同。

九、美洲方面，在南美则多从事农业工作，北美方面则以洗衣及餐馆两业为最盛，亦有在工厂及矿地做工者。

十、欧西诸国，则以业水手者为最多，而杂货店、古玩铺、瓷器铺、餐馆等，亦有人经营。

第三款　华侨在海外之地位

华侨在南洋有一特殊之经济地位，即中介人之地位是也。缘南洋土人之知识幼稚，缺乏经营能力，故不与欧西人直接贸易，华侨乃为之沟通两者间之贸易往来，形成一种中介人之地位。华侨之中、小商人可以在南洋内地收集土人之生产品，集成巨批，以转售于欧西人之手。另一方面则批发欧西之商货以转售销于土人。

华侨之企业组织，既属幼稚，且又无投资于大企业之知识，以故经济之地位，仍不能与欧西人之经济地位分庭抗礼。至于南洋以外世界各地之华侨，则更不过执劳动之业，或执技术职工（理发匠、洗衣工等）之业，或开食铺，经济之地位，更属微小。华侨经济，既多系中介人及中、小商人性质，势必因土人经济能力薄弱，华侨始得代其经营，从而致富。故在南洋苏门答腊之马来人、法属越南北部之东京人、安南人及缅甸人区域，其能力较为优秀，故华侨在该处经济之发展，远不若爪哇、菲律宾群岛、马来半岛及暹罗之大。且在南洋各地，有一种印度人属于亚剌伯系之回教徒，此等人颇富经济能力，盖亦专门从事于中、小以下之商业者，此等人盘踞之所，往往为华侨经济发展之劲敌。

至于南洋以外各地之华侨，多属劳工，或营餐馆杂货店理发所等。又华侨在海外之经济活动各地，多仍保持一种半封建性质，故多在不动产及装饰品上投资。此外，则多以资金存于银行中取息，否则即投资于种种投机交易，且稍有积蓄，即思回国作富翁；具有商识者，百不得一，宜其不得为更进一步发展也。

第四款　华侨之分布地点

就华侨现状之分布而论，在日本则集中于东京、横滨、大阪、神户、长崎等处。在朝鲜则集中于汉城、仁川、平壤等处。台湾，则侨民与居民无分；西伯利亚，则集中于黑龙江下游一带；印度、暹罗、缅甸，则集中于加尔各答、盘谷、孟买、仰光等地；越南华侨以海防堤岸为多；马来半岛，则满布全境；而新加坡、槟榔屿、马六甲、怡保、太平等地尤盛。荷属东印度亦到处有华侨踪迹，而爪哇之泗水、吧城、三宝珑、西伯利亚之望加锡、婆罗洲之坤甸，及苏门答腊之棉兰、邦加等地，则几尽为华侨之世界。英属婆罗洲，则集中于三打根、亚比文、莱古晋等；菲律宾，则集中于马尼剌、三宝颜等。美洲方面，在合众国则散布于西部之旧金山、屋克伦、砵伦、西雅图与东部之芝加哥；在加拿大，则以西部为多，东部次之。温哥华一埠，为各地之冠。他如墨西哥，则散布于西北部。至欧西各地之华侨集中地，则为英国之伦敦、利物浦、加的夫、爱丁堡，法国之巴黎、里昂、马赛，德国之柏林、汉堡，荷兰之鹿特丹，比利时之凡盎尔斯等。

第五款　华侨之人数

一、居于南洋各地者，计6,441,900人，暹罗2,500,000人，英属马来半岛1,800,000人，英属婆罗洲88,000人，缅甸300,000人，菲律宾160,000人，荷属东印度1,233,900人。

二、居于亚洲其他各国者，计3,829,614人，日本28,000人，朝鲜41,640人，台湾3,400,000人，西伯利亚及中亚细亚340,000人，印度2,000人。此外居于香港者612,310人，移居澳门者74,000人。

三、居北南美洲者计330,000人，北美洲合众国85,000人，加拿大5,000人，墨西哥30,000人，古巴及西印度诸国85,000人，居檀香山及纽约者约30,000人，居南非联邦及马邦加斯等约17,600人，居欧俄及欧西诸国，共约30,000人，澳洲及南太平洋群岛共45,000人，合计共10,724,114人。与香港、澳门之686,310人合计之，则有11,410,424人。

第六款　华侨汇款之总计

华侨汇款之多，首推香港，其次为汕头，再次为厦门，国内其他地方之侨汇，数目极少。广东之琼州，每年约有华侨汇款自一百万至二百万元，此皆直接来自南洋，不经香港。又国人在欧洲各国轮船上供职者，大约每年稍有积蓄带回，不过数目甚微耳。此外，山东、河北、浙江等处之侨民，亦有少数汇款寄回，如果每年以五百万元作为三大侨汇中心以外地方之汇款数目，则过去五年，全国华侨汇款，当如下述：

年 份	香 港	汕 头	厦 门	其 他	总 计
一九三一年	250,000,000元	94,200,000元	72,000,000元	5,000,000元	421,200,000元
一九三二年	20,000,000元	70,700,000元	47,800,000元	5,000,000元	323,500,000元
一九三三年	190,000,000元	62,800,000元	47,900,000元	5,000,000元	305,700,000元
一九三四年	137,500,000元	47,000,000元	43,300,000元	5,000,000元	232,800,000元
一九三五年	212,000,000元	55,000,000元	44,000,000元	5,000,000元	316,000,000元

第十三节　商标之保护

我国在逊清光绪二十八年，已有组织商标局之动机，曾以上谕颁布《商标法》条文，但不久即行消减。嗣复以各国商人常因商标在中国发生诉讼，无法解决，乃设商标备案组于农工商部，以一主事专任其事，于津、沪两海关各设商标挂号分处，由海关职员兼任。民国十一年夏，农商部设立商标登录筹备处，津、沪两海关设筹备分处。民国十二年四月，《商标法》经国会通过，五月三日公布，十五日商标局正式成立。民国十六年，国民政府定都南京，成立全国注册局，内设商标注册科，办理商标注册事项。十七年七月，接收前北京商标局各项档案卷宗，同年十二月二十一日，商标局再改设专局，仍沿用旧《商标法》，隶工商部，并于上海设驻沪办事处。十八年夏，复接收广东建设厅及前大本营暨实业厅等经办广东商标注册案卷，全国商标行政，至此始告统一。十九年十二月，工商部改并实业部，商标局亦改隶实业部，并于二十年元旦日起改用十九年五月立法院通过之新《商标法》。二十年撤销驻沪办事处，二十一年二月商标局迁沪并于粤、汉、津、青、闽各埠，设置专员办公处，二十五年三月商标局迁京。

第十四节　商品之检验

实业部于民国二十一年十二月，颁布《商品检验暂行条例》及《商品检验局暂行组织条例》，同时于沪、汉、青、粤、津各通商口岸，先后设置商品检验局，并于次要地点设分局或办事处。对于主要出口货物如棉花、茶叶及桐油等，均施行严格之检验，一部分进口货物，最近亦已实行检验。

第十五节　度量衡制度之统一

我国度、量、衡向无一定之标准，紊乱异常。自《度量衡法》颁布后，（《度量衡法》民国十八年二月十六日国府公布，十九年一月一日施行。）始归统一。该法采用万国公制为"标准制"，并暂设辅制，称曰"市用制"。标准制：长度，以公尺为单位，一公尺等于公尺原器在百度寒暑表零度时，雨标点间之距离；重量以公斤为单位，一公斤等于公斤原器之重量；容量，以公升为单位，一公升等于一公斤纯水其最高密度七百六十公里气压时之容积，此容积寻常适用即作为一立方公寸。市用制：长度，以公尺三分之一为市尺（简作尺）；重量，以公斤二分之一为市斤（简作斤）；容量，以公升为市升（简作升）。一斤分为十六两，一千五百尺定为一里，六千平方尺定为一亩，其余均以十进。

第十六节　民商统一法典之制定

我国清末有分订《民法法典》与《商法法典》之议，民国成立，亦沿其说。国民政府立法院起草《民法债编》之始，对于民、商两法应否合一，极费斟酌。十八年五月八日，立法院院长胡汉民、副院长林森有订立《民商统一法典》之提案谓："此次订立法典，允宜考实际之状况，从现代立法之潮流，订为民商统一之法典，其不能合并者，则分别订立单行法规，以资通用，如《公司法》《票据法》《海商法》《保险法》等是，如此则无论民、商同遵一法，既免法典条文之糅杂，更符本党全民之精神。"中央政治会议，将该案交王宠惠、胡汉民、戴传贤三氏审查，审查报告，亦题其议。同年六月五日，中央政治会议第一百八十三次会议议决："照审查意见，由立法院编订《民商统一法典》，其不能合并者，如《公司法》《票据法》《海商法》《保险法》等，则分别订立单行法规。"民国十八年十月三十日公布之《票据法》（同日施行）、同年十二月二十六日公布之《公司法》（二十年七月一日施行）、同年十二月三十日公布之《海商法》（二十年一月一日施行）及《保险法》（未施行）系《商事法》，非《商法法典》也。我国最新立法虽号称民、商合一，实则所合一者，仅为通常属于商人通例之经理人、代理商及通常属于商行为之买卖、交互计算、行纪、仓库、运送及承揽运送等。此种立法，学者时之，尚多歉词。

第十七节　重要商税

我国厘金制度，于民国二十年元旦实行裁撤，商困稍苏。除关税已另节说明外，兹将现行重要商税，略述于下：

一、营业税　营业税为地方收入，其课税标准，分为三种——由各省政府或市政府按照本地营业性质及状况，分别酌定——即：（甲）以营业总收入额为标准，征收其千分之二至千分之十；（乙）以营业资本额为标准者，征收其千分之四至千分之二十；（丙）以营业纯收益额为标准者，其税率如下：（1）纯收益额不满资本额百分之十五者，征收纯收益额百分之二至不满百分之五；（2）纯收益额合资本百分之十五，至不满百分之二十五者，征收纯收益额百分之五，至不满百分之七点五；（3）纯收益额合资本额百分之二十五以上者，征收纯收益额百分之七点五至百分之十。营业税以营业总收入额为课税标准时，其营业总收入额，年计不满一千元者免税。以营业资本额为课税标准时，其营业资本额不满五百元者免税。以营业纯收益额为课税标准时，其营业纯收益额不满一百元者免税。

二、印花税　印花税由财政部征收，兹将其税率涉于商税范围者，略述如下：

发货票　凡各业商店，售卖货物成交后，随货开具载列品名数量或价目之单据，皆属之。每件发票其货价满三元以上者，贴印花一分；满十元以上者，贴印花二分；满百元以上者，贴印花三分。

银钱、货物收据　凡收到银钱或货物后所立之单据皆属之，但金融业存款收据除外。每件收据，其金额或货价满三元以上者，贴印花一分；满十元以上者，贴印花二分；满百元以上者，贴印花三分。

账单　凡旅馆、酒楼或其他工商业开列应付账目交给顾客，凭以付款之单据，皆属之。每件账单，其金额满三元以上者，贴印花一分；满十元以上者，贴印花二分；满百元以上者，贴印花三分。

支取或汇兑银钱之单据、簿、折　凡各业商店或银行所出记名或不记名凭以支取、汇划、兑取或存放银钱之单据、簿、折，皆属之。单据每件贴印花二分；簿、折每件每年贴印花二角。

支取货物之单据、簿、折　凡各业商店所出记名或不记名凭以支取货物之单据、簿、折，皆属之。单据每件贴印花二分；簿、折每件每年贴印花二角。

预定买卖货物之单据、合同　凡预定买卖货物载有品名或银数之单据、合同，皆属之。单据每件贴印花二分；合同每件贴印花二角。

经理买卖有价证券、生金、银或物品所用之单据、簿、折，凡经理买卖有价证券、生金、银，或物品，所用之单据、簿、折等，皆属之。单据每件贴印花二分；簿、折每件每年贴印花二角；

合同每份贴印花二角。

寄存单据　凡各业商店货栈或保管库等,受他人寄存物品、文契等项,出给寄存人之单据皆属之,每件贴印花二分。

储蓄单折　凡经理储蓄之公私营业,出给储户,凭以收付储蓄银钱之单折皆属之,每件贴印花二分。

营业所用之簿册　凡各业商店或银行,关于营业上所立之各种总分簿册皆属之,每本每年贴印花二角。

轮船提单　凡轮船公司或其代理人或船主,受客商委托代运货物,或银钱所出凭以提取之单据皆属之,每张贴印花二角。

转运公司或行栈所发之提单　凡转运公司或行栈,受客商委托代办运输货物或银钱出给客商,凭向到达地提取之单据皆属之,每张贴印花二分。

保险单　凡保险公司出给投保者,遇有所保事项发生险故时,凭以取偿所载保额之证单皆属之,每件按保额每千元贴印花二分,其超过之数不及千元者,亦以一千元计。

股票　凡记名或不记名之各种股票,及不另发正式股票之认股字据皆属之,每件按票面金额,每一百元贴印花二分,其超过之数,不及一百元者,亦以一百元计。

合资营业之字据　凡二人以上集资营业互相订立之合同或章程等皆属之,每件按金额每百元贴印花二分,其超过之数不及一百元者,亦以一百元计。

借贷或抵押单据　凡以信用或他种担保或以货物抵押,向人借贷银钱或货物所立之单据皆属之,每件按金额每一百元贴印花二分,不及一百元者,亦以一百元计。

债券　凡公司或银行经主管官署核准发行之记名或不记名债

券皆属之，每件按票面金额，每一百元贴印花二分，不及一百元者，亦以一百元计。

关于营业之各项许可证照　凡有主管官署核准发给有关营业之各项许可证照皆属之，每照贴印花一元，专利及采矿执照，贴印花二元。

三、所得税　下列营利事业所得，以纯收益额计算课税。

（甲）凡公司、商号、行栈、工厂或个人资本在二千元以上，营利之所得。

（乙）官、商、合办营利事业之所得。

（丙）属于一时营利事业之所得。

甲、乙两项所得，按资本额计算者，应课之税率，分为五级如下：

第一级，所得合资本实额百分之五，至不满百分之十者，课税千分之三十。

第二级，所得合资本实额百分之十至不满百分之十五者，课税千分之四十。

第三级，所得合资本实额百分之十五至不满百分之二十者，课税千分之六十。

第四级，所得合资本实额百分之二十至不满百分之二十五者，课税千分之八十。

第五级，所得合资本实额百分之二十五以上者，一律课税千分之一百。

甲、乙两项所得，不能依资本额计算者，依其所得额课税，其税率如下：

（一）所得不满一百元者，免税。

（二）所得在一百元以上至未满一千元者，课税千分之三十。

（三）所得在一千元以上至未满二千五百元者，课税千分之四十。

（四）所得在二千五百元以上至未满五千元者，课税千分之六十。

（五）所得在五千元以上，每增一千元之额，递加课税千分之十。前项所得之课税，其最高税率以千分之二百为限。

四、盐税　盐税分为正税、中央附加税、地方附加税、特种捐税四种，分述如下：

甲、正税　盐税之属于正税者，大别为场税及岸税（又称销税）两种：凡盐斤在起运前由产地盐务机关所征之税，谓之场税；其业经运到指定之销岸，由销地盐务机关所征之税，谓之岸税。正税最普遍者为场税，场税税率之等差，以长芦、辽宁、青海、河东、福建等区为较整齐，全区仅有一种。此外，大抵均在两种以上，而以两浙、淮南之场税为最复杂，全区多至十余种。场税外，兼征岸税者，为湘、鄂、西、皖四岸，为豫岸，为桂岸。又有性质类似场岸税者，为闽盐运浙运潮汕、广州均于出场时分别征收。盐厘即系场税性质，又如晋北除土盐行外，所征之芦盐、蒙盐各税，亦系场税性质。潮桥所征之闽盐行销桥上税则，系岸税性质。此外，如粤盐行销湘省，由粤代湘所收之统税，以及晋北按锅所征之锅税，亦均属正税之一种。

乙、中央附加　中央附加原只三种：一为军用加价，限于淮南食岸，浙江各销岸原系带征一元，后因各岸情形不一，有酌减者；一为善后军费，凡淮、浙、鲁各区，湘、鄂、西、皖四岸行盐均带征三角五角，嗣亦有酌减者；一为外债镑亏，全国各区，一律带征三角，唯川北、广东两区略有减少。以上三项附加，当时系因饷糈及国信所关，特由中央核定征收，藉补正税之不足。二十年三月，奉令将各省所征地方附税概行划归财政部统一核收，于是所有各省原征之各种地方附加，现在名义上均为中央附加，并不仅限于以上三种矣。

丙、地方附加 国内军兴以来，各省往往于正税之外，任意征收附加，有所谓军政费、军事费附加捐、协济军费、军事附捐、护运费、保运费、省防附捐等，名目不一而足。此外，各因地方需要情形，犹有其他名目之附加，大抵均由地方当局自行征拨，中央无从过问。此种办法，殊足阻碍国税之整理。中央特于二十年三月将以前所有地方附加划归中央统一收支，各省如有必需款项，地方暂难筹抵者，由中央酌量情形，分别由国库协拨，作为补助费，在当地盐款项下拨付，以资应用；各省不得再就盐税正税以外，另行加征附加，并由国府明令制止。当经财政部将苏、浙、皖、赣、湘、闽等省附税收回，继又将鲁、芦两区先后收回，统一征收。

丁、特种附加 特种捐费，亦属附税性质之一种，然不列入附加。称为特种捐费者，以此项捐费，皆因特种关系，或特殊事物而来，且多含有时间性，凡该事业经完成或停止，其损费即应随之停止。例如整理合区场产之整理费、建坨费、救济十二圩劳工生计之筹备费以及某区之河工捐、公路捐、剿匪捐等，无非因一时之关系而起，其性质自与附税之固定且较普遍者有别。

民国二十年五月三十日，国民政府公布新《盐法》，该法规定盐就场征税，任人民自由买卖，无论何人，不得垄断。食盐税每一百公斤一律征国币五元，不得重征或附加；渔盐每一百公斤征国币三角；工业用盐、农业用盐，一律免税。施行日期，尚未定也。

第十八节　各省办理营业税之情形

营业税之开办，系抵补裁厘之损失，故自裁厘实行以后，财政部迭令各省市财政厅暨财政局，督促办理。首先呈报开办者，有江苏、浙江、安徽、福建、湖北等省；续行筹办者，计有河南、河北、山东、山西、湖南、陕西、绥远、察哈尔、南京、北平、青岛等省、市，已占全国三分之二以上。其他，如江西因困于匪患，商业萧条，虽将《征收章程》呈部核定，仅举办瓷器营业税一税，其余普通商业之营业税，尚在筹备；上海市以华洋杂处，关系重要，所订《征收章程》，于税率量予酌减，于程序力求简易，一俟筹备妥洽，即可推行。至于广东、广西、云南、贵州、四川、甘肃、宁夏、青岛、新疆等省，或以时事多故，或因情形特殊，有已经开征而未将《征收章程》呈报核定者；有尚在征收消费税，特种营业税，而未曾依法举办营业税者。唯各省营业税，自开办以来，除少数省份稍有成效外，大都发生阻碍未获预期之效果，故第二次全国会议中议决整理营业税办法五项，皆有详密之规定，会后即由财政部通知各省市参酌修正，藉杜流弊，而裕税源。财政部以各省先后举办营业税，对于营业税之征收状况，亟应考核，经通令各省市财政厅局查报，二十一年份营业税，及与营业税性质相同各项捐税之实收数。呈报者已有十五省、市，核此数字，以浙江税收为最旺，次为山东河北等。

第十九节　发展商业之机关

一、国货陈列馆　政府为提倡国货起见，民国十七年创设首都国货陈列馆于南京，隶属工商部（民国十九年改称实业部），陈列本国出产之各种货物，馆内附设国货商场，任人参观国货状况外，并可购买所需用物品。各省已设置国货陈列馆者，有上海、杭州、天津、汉口、长沙（以上各馆，均附设国货商场）、福州、济南、青岛等十余处。

二、国际贸易局　民国九年，北京政府设全国经济讨论处于北平，以发展出口贸易及增进经济知识为宗旨。国民政府定都南京后，工商部派员接收，改组为工商访问局，迁移上海。民国二十一年十二月，复改组为国际贸易局，发展对外贸易，并从事国内外商业之调查、研究及统计之制作。此外又搜集有关经济商业之资料，并指导各业状况，至该局出版之刊物，有《国际贸易导报》（月刊）、《中国经济导报》（英文周刊）、《中国经济志》（英文月刊），以及各种统计、调查报告之类。

第二十节　最近五年之对外贸易

第一款　民国二十年之对外贸易

二十年度，吾国之进出口贸易：进口增 8.1%，出口减少 0.8%。纯进口额为 1,427,574,000 两（海关两，下仿此），较之十九年度之 1,309,755,000 两，增加 117,819,000 两。纯出口额为 887,450,000 两，较十九年度之 894,843,000 两，减少 7,393,000 两，进出口贸易总额（金银及货币不计在内）为 2,315,024,000 两，较之十九年度之 2,204,599,000 两，总减少 69,030,000 两。其中最可注意者，厥为二十年度之进口超过出口，竟较之十九年度增加 30%，价值达 54000 余万两，合洋达 81000 余万两之巨。超过出口达 41490 余万两，认为我国贸易史中所仅见。不意今年竟扶摇直上，视此又增加 12500 余万两。查吾国自通商以来常处入超地位，自 1868 年至 1931 年，前后 63 年间，仅有六年为出超之年。自 1877 年以后，殆以不复再见出超。虽在欧战期内，如民国八年前后入超数目，曾大见减少，迨战后即又恢复。以民国元年至民国二十年间统计之，进口超过出口之总额共 381500 余万两，合洋 572250 万两，而本年进口货中仍以农产品为大宗，如棉花、米、麦、麦粉、烟草五宗，共值 38400 余万两。

中国进口贸易中，各国所占之数量，向来日本居第一位，本年退居第二位，盖自东北事变发生，国人抵制日货，运动风行，自九月以后，步步下降，十一月份之由日输华货价，仅及七月之三分之一。抵制日货以后，转向英、美定购棉纱匹头，以及其他基本原料。英国以金镑停止付现，价格低落，货价随跌，可与日本竞争。至印度因去年印棉价贵于美棉，故进口减少。本年进口货值跌至 8400 万两，较十九年减少 37%，因此英国由第四位而进为第三位，美国一跃而占第一位，印度退为第五位，德国进口年有增进，居第四位。

出口方面，因东北之豆类、杂粮及天津之棉花，均多运往日本，又以银价跌落，所以本年我国棉纱出口数量，较之去年又见增加，故日本居第一位，次则生丝、桐油、蛋类，运美居多，故美居第二位，次则英、俄、荷、法等，与上年无甚出入。

二十年度进口货中，以棉花为大宗，棉织品次之，他如化学用品、金属矿物、麦、米、糖、油、烟草、纸张、建筑材料、各项机器，皆为出口之重要物品。出口土货以豆类为第一位，生丝次之，棉花、蛋及蛋制品、茶叶、矿物、棉纱、丝织品、植物油、花生、芝麻等，皆为出口之重要品。进口货中较之十九年度，其增加最著者为棉花，计增 33,722,000 两，小麦增加 68,901,000 两，烟草增加 22,150,000 两，毛织品增加 24,068,000 两，此外，建筑材料、化学用品、纸张、人造丝、机器，均有增加。减少者为米，计减 60,791,000 两，棉织品减少 20,801,000 两。此外，棉、麦粉、海产品、金属及矿物均略减少。出口货中较之十九年增加最著者为棉花，增加 2,145,000 两，棉织品增加 40,775,000 两，棉纱增加 18,739,000 两，豆类增加 22,102,000 两，此外，茶叶、丝织品、植物油、化学用品，均有增加。其减少者以蛋类减少 13,723,000 两，生丝减少 8,498,000 两，为较著外，无大出入也。

第二款　民国二十一年之对外贸易

我国二十一年对外贸易，较二十年进出口均大为减退，揆厥原由，不外三端：向处于出超地位之东北各埠，全部沦陷，各该埠对外贸易数字，仅二十一年之上半年有之，下半年数字，则泯灭于无形，此其一；受世界经济恐慌之震荡，我国对外贸易，愈形不振，此其二；中国关税，实行增加，进口自受其妨碍，偷运之风，因以益厉，此其三。有此种种原因，故我国进出口贸易，均一落千丈，而尤以出口为甚。考本年度对外贸易统计，进口为 1,049,246,661 海关两，较之去年之 1,433,489,194 海关两，减少 384,242,533 海关两；出口本年度为 492,641,421 海关两，较之去年之 909,475,525 海关两，减少 416,834,104 海关两。输入超过输出为 556,605,240 海关两，较去年增加 3259 万余海关两。如以百分数表示，则进口比去年减少 26.8%，出口减少 45.8%，几及二十年度之半；进出口总计减少 34.2%，而入超则反增加 6.2%。进出口猛跌之巨，我国对外贸易史上，历来所未有也。

就商品品别而言：进口以洋米为第一，为值自二十年度之 6 千 4 百万海关两，增至 11900 万海关两；棉花为第二，为值 11800 万海关两；棉货为第三，约值 7200 万海关两；煤油为第四，约值 6100 万海关两；金属及矿砂为第五，约值 6000 万海关两；再其次为小麦、糖、粮食粉及纸等。出口之豆类为第一，约值 5100 万海关两；生丝为第二，约值 3300 万海关两；蛋类为第三，约值 2800 万海关两；豆饼类为第四，约值 2600 万海关两；茶为第五，约值 2500 万海关两；再其次为棉花花生棉纱及皮货等。

就本年度进口国别言之：美居第一，占进口贸易 25.4%；日本居第二，占 14.2%；英自前年之第四位升居第三，占 11.2%；德自前年之第五位升居第四占 6.8%；印度自前年之第六位升居第五，占 6.2%；香港则自前年之第三位降居第六，占 5.7%；其次则为法国、苏俄、荷兰等国。以本年度出口国别论之：则日仍居第一，占出口贸易总额 23.2%；美居第二，占 12.2%；英居第三，占 7.6%；德意志由二十年度之第八位升至第四位；俄国由去年之第四位降至第五位，法兰西仍位第六，而荷兰由第五位降至第九位。

第三款　民国二十二年之对外贸易

本年度进口贸易为 1,345,567,000 元，较上年度减 289,159,000 元。出口货为 611,828,000 元，较上年减 155,707,000 元。入超为 733,739,000 元，较上年度减 133,452,000 元。但入超数较出口数为大，则与上年度同。本年度贸易额不复包括东三省数目，故总额益减。本年度出口之减，其主因由于棉花、米、谷、棉织品、人造丝、砂糖、烟草等进口之激减。棉花输出减退，在半数以上。本年度进口最多者，为米，值 147,000,000 元，计 21,420,000 担，论值较去年减 4500 万余元，而论量则不过减 160 余万担；于此可见米价之跌落，亦可见我国虽连年丰收，而米量之输入不绝，民食之成为问题，益为显明。其次为棉，凡值 98,202,000 元，计 1,994,000 担，再次则为金属及矿砂、小麦、煤油、杂类金属制品、棉织品、纸、化学制品、机器及工具与砂糖等，内小麦及杂类金属制品较前为增，其余价值方面均较去年为减。本年度出口之减，其主因由于豆类输出之微，则东三省之丧失有以致之。去年度大豆出口因上半年度包括东三省在内，犹有 79,808,000 元，本年度则仅 4,791,000 元相去悬殊。本年度出口最多者为生丝，凡值 5700 万元，其次为棉纱，凡 4000 万元。棉纱输出之突增，为本年度出口贸易上一大特点，惜输出之棉纱，什九为在华日厂所输出，以运往日本、朝鲜为多，又其次为蛋类、茶叶、棉花、生熟皮货及桐油等。进口国别仍以美国为首，计值 297,468,000 元，其次为英国、日本、德国、澳洲、荷属东印度、安南及印度等。日本方面输入，继续减少，则因东三省输入数字已不包括在内，非由于抵货之之兴奋也。出口国别以香港为首，计值 120,955,000 元，与去年相仿佛，其次为美国、日本、英国、法国、印度等。贸易港别，全国进出口半数以上之贸易，集于上海；进口方面，上海占全部进口贸易 54.14%，计值 736,220,000 元，其次为天津、九龙、青岛、广州、汕头、汉口及厦门等；出口方面，上海占全部出口贸易 51.57%，计值 315,758,000 元，较去年度增 69,089,000 元。生丝及棉纱出口之较为踊跃，为其主因。其次为天津、广州、青岛、蒙自、汕头、梧州、芝罘等。

第四款　民国二十三年之对外贸易

本年度进口贸易总值 1,029,665,000 元，较上年度减少 315,902,000 元。出口贸易总值 535,214,000 元，较上年度减少

76,614,000元。进口减少，由于我国人民购买力之薄弱；出口减退由于各国从事于限制进口。进出口相较，入超为494,451,000元，较上年度入超减少239,288,000元，进口减少，较出口为甚，故入超亦较减也。进口之中，以商品论，则棉花为首，计45,934,000关金单位，次为米、煤油、糖、小麦、烟叶等。以国别言，则美国为最大，计占进口贸易值26%，次为日本、英国、德国、荷属东印度及印度等。出口之中，以商品而论，茶叶为首，计36,099,000元，次为棉纱、蛋类、生丝、桐油、棉花等。以国别言，香港最大，占出口贸易值19%，次为美国、日本、英国、印度等。至以埠别言，进出口贸易均以上海为最重要，计进口占57.82%，出口占50.83%，其次在进口方面为天津、九龙、青岛、广州、汉口等；出口方面，为天津、广州、胶州、汕头、蒙自等。

第五款　民国二十四年之对外贸易

我国国民经济之凋敝，其表现于对外贸易者，为进口与贸易总值之减少及出口之未能急剧增加。本年对外贸易，输出计国币919,211,322元，较去年之1,129,655,224元，减少110,453,902元，即10.6%。出口额由上年之535,214,279元，增至本年之575,809,060元，计增40,594,791元，即7.4%。贸易总额为1,495,020,382元，较上年之1,564,879,502元，减少69,859,121元，即4.4%。入超为343,402,262元，较上年之494,450,945元，减少151,048,683元，即30.5%。入超额当进口净值37.3%。较上年之

48%，减少 10.7%。本年进口，米、谷仍占进口商品之首位，其进口值且较上年增加至 52%。第二位为铜、铁，价值较上年减少 9%。机器居第三位，价值虽较上年增加 17%，然纺织机器则未见增加，发动机且有减少。棉花居第四位，价值较上年激减一半，因国内纱厂多陷于停顿状态，棉花需要，当然减少也。出口商品中，以桐油居首位，较上年增加 59%。近年来美国正致力于植桐，我国桐油，则大半恃销于美，异日美国能自给时，则桐油自当减少，设不预为之备，则桐油之国外市场，恐终不免为丝、茶之续也。海外丝销，本年稍有起色，蚕丝出口较上年增 41% 以上，而居第二位，其中白丝输出增加，黄丝则有减退。蛋及蛋产品之出口为第三位，较上年增加 6%。此外，棉花、花生、芝麻等出口，均较上年增加；茶、棉纱、皮及皮货、绸缎等，则均见减少。对外贸易之国别，美国居我国进口贸易之首位，日本则以对我国出口增至 12,707,000 元，仍列次席；德国则竟代英国一跃而居第三位矣。至我国对各国之出口贸易，其次序无大更动，仍以美国居第一位，对美输出之货值，计增 41,975,000 元。香港原为转口之中心，乃由第一位退居第二位。次为日、英两国。法、德均无变动，唯由我国输入之货值，则较往年大增。

第二十一节　最近五年之主要工商业概况

第一款　民国二十年之工商业概况

一、纱业之竞争　国人自办之工业，首推纱业，而中、日工业竞争最烈者，亦莫如纱业。全国之中国纱厂所有锭子，共为2,336,000余锭，在华日本纱厂锭子，约150余万，然以日厂资本雄厚，技术精良，组织完密，故虽如本年度抵制之激烈，工作时间之缩短，而上海日厂之产量，反多于中国厂家。计上海华厂出纱56万包，出布147,000件；上海日厂，出纱697,000包，出布216,000千件。即以中国全国计之，华厂共出纱1,458,000包，出布357,000件；日厂共出纱1,008,000包，出布315,000件。由此观之，中、日相较，日厂之全体产量出布几相等，出纱则多于纱锭比例应得之产额。本年度华厂增加6万余锭，而日厂增加10万余锭。

近来关税增加，金价向上，进口细布价贵，纱厂本以出细纱为获利之源，华厂更应乘此时机，增加产量，乃上海华厂所有之细纱锭子，只占总锭数之四成半，而日厂则占日锭总数之七成半。中国厂家若欲改易细纱锭，非短时间所能举办，是以本年度虽有抵制之举，而日货之需要如故。加以日本纱成本往往卖价低于国产，华北各省，但计价之高贱，不论货之中外，故黄河以北，几成日纱之销售区域，长江下游以及华南各省，则倡用国货，甚为热烈，日商虽较难插足，而日本纱业在中国之占优势，已成明显之事实也。

二、丝业之衰败　中国丝业之品质价格与量数，均不能与日丝竞争。论品质，则茧种庞杂，机械陈旧，以致丝质高下不一；论数量，则年虽产五万余包，而品质不齐，不合美国大量生产之需要；论价则茧价高昂，缫折奇大，拆息税捐，负担奇重，成本大于日丝十之二三。在平时已难与日丝竞争，乃本年欧、美丝市日益疲滞，丝价暴跌，前年年底厂丝尚在1000两外，本年四五月间，仅及900余两，至年底降至800两；若以日丝价格合华丝价格只等于600两左右，乃中国厂方成本，均在千两以外，亏耗太巨，唯有观望不售，结果各厂势难支持，相率停闭。上海107家丝厂，工作者仅20余家；无锡49家中，工作亦只10余家；其他苏、镇、杭、嘉、湖各厂，十之八九者已停闭。二十年度，江、浙厂丝输出数量较之十八年减2/5，较十九年减五分之一。十八年输出为54000余包，十九年减为42000余包，本年度只32000余包。广东丝厂总数减去40%，出口总数仅46000余包，比十九年减去14000余包，比十八年减2万包。政府为救济起见，有丝业公债800万元之发行，然结果增加出口税每包30元。债券既不能在市面流通，而于丝厂复无所补救，而且增加出口之成本，可谓毫无计划之救济。

近年国人对于蚕种业渐知注意，此一年中，江、浙蚕种业之进步，蒸蒸日上，浙江蚕种产额增加一倍，江苏在一倍之上。丝厂之中，亦有数家改用多条缫丝，以提高均匀程度，期合美国之需要。

第二款　民国二十一年工商业之概况

本年度因抵制日货，提倡国货，及银价不高，各种实业尚有相当成绩，然以市面不振，物价低落，营业总额，已渐见低减，盈利更见微弱，非上年可比。兹将各业情形略述于下：

（一）纺织业　全国共有纱厂128家，开工纱锭4,493,300余枚，比较二十年底，增加265,130余枚，其中属于华商纱厂者，计2,522,300余枚，比较二十年底增加141,775枚。属于在华日商者共计1,787,780余枚，比较二十年底增加109,380余枚。全国中外纱厂出品，最近一年中，共计棉纱2,283,898包，其中，华商纱厂出品仅约1,427,920包，日商纱厂出品，则有805,979包。上海纱号全年营业，大都亏本，71家纱号之中，倒闭者共17家。"一•二八"事变发生，华商纱厂之被毁者一家，局部被毁者7家，其他各厂，因纱销减少，无不大受影响。至厂布产量，计华商纱厂本年度之出品为206,000余件，在华日商纱厂所产棉布合255,000千件。自东三省市场完全被占后，我国本厂布及土布受极大之影响。统计上海一埠，现有棉商号634家，较诸往年减少1/3，本埠棉布商之经营外货者，无不亏折，唯推销国货棉布之家，稍有利润。至于小布厂则因日货跌价竞争，及出品滞销关系，仅能苟延残喘而已。

（二）棉织业　中国之棉织业，亦以上海为中心，统计本埠棉织业54家之中，被日军炮火所毁者16家，较大之厂，均在战区之外，故未波及。棉织厂之中，专事织造汗衫及卫生衣者共八家，全年营业380余万元，较上年度减少70余万元，本年度以物价跌落，故斯业中接受大量定货者，无不亏折。

（三）缫丝业　本年度中国生丝产业之衰落特甚，上年度我国生丝出口总数，共计133,000余担，而本年度总数只有76,600余担。且合美国销路者，日见其少，去年美国购进生丝547,900包，其中日货占513,000包，而华丝仅18,000包而已。运往印度者，则增加一倍有半；运往欧洲者亦与上年数量相仿。唯价格低落，丝厂无不亏本。本年度丝厂开工者，无锡47厂中，只开9家，上海97厂中只开11家。

（四）丝织业　绸缎为我国特产之一，近来国际经济衰落，对于我国绸缎进口关税增加，而在南洋、安南、印度，则近年受日货排挤，东北市场又被侵夺，故生产额随销路而大减。上海丝织厂560~570家，继续开工者只240~250家。本年度之营业，较上年减少30%强。杭州绸厂自900余家减至200余家；南京、苏州各绸厂，更无起色。

（五）其他各业　面粉业则本年上半年委靡不振，下半年日渐畅旺，故斯业颇为发达。卷烟业全年统计全国出品约计140余万箱，共值16,800余万元，较上年度减少10%，沪上各厂，大都无利可图。其较大者，如南洋、英美、华成各公司，均有相当利润。橡胶厂在本年度大见增加，香港、青岛均设新厂，上海方面增加20余家。但生产增加，而销路不旺，致成供过于求之现象，结果去年橡胶厂，营业多数有亏无益。机器工业，近年颇见发达，国内工厂所用之各种轻工业机器，均能仿制，成本较舶来品减少2/3。上海一埠现有机器工厂大小五六百家，其中加入公会而认为规模稍大者，计107家，全年营业总数约计1100余万元，较上年度减少1/3。化妆品统计上海化妆品工厂70余家，上年度营业总额超过 800 万元，本年则不足 500 万。油漆业上海方面较大者只 4 家，本年全体营业，约计 290 万元，较上年度增加 1/10。搪瓷厂营业共计 350 余万元，较上年度减少 36%。热水瓶厂在沪战期内，大受损失，然恢复甚速，本年全体营业，总数与上年相仿，约计 270~280 万元。

第三款　民国二十二年工商业之概况

（一）纺织业　二十二年度棉纱价格跌落之巨，为十年来所未有。二十一年度标纱最低价为 193 元，本年度为 166 元；本年上海客帮销路，仅二十一年之七成，不及二十年之半数，若与灾患以前之十九年相较，南方及长江均减其半，北方则低减 1/50。据二十二年三月调查数目，全国纱锭，计 50,019,917 枚，较去年增加 322,637 枚，较前年增加 575,617 枚。在此种现象之下，不得不各谋生存，于是外商纱厂与中国纱厂相竞，内地纱厂与通商口岸之纱厂相竞，北方纱厂与南方纱厂相竞，竞争愈烈，生存愈艰。概括言之，全国纱厂，亏多盈少，即有盈余者，亦迥不如去年。若以日本纱厂与中国纱厂较，则日本纱厂成本愈减愈轻，出品日见精良，复有南洋、印度之出路，故迥非中国纱厂所可望其项背。以内地纱厂与通商口岸纱厂相较，则内地纱厂工人易于训练、管束，工作效率较高，且或则接近消费市场，或则接近原料产地，故胜于通商口岸纱厂实多。北方纱厂向以东北为大宗尾闾，近则去路断绝，故营业较之南方纱厂，更属艰难。顾以适者生存之原则言之，竞争愈烈，则改进愈速，其缺乏知识，管理腐败者，自然淘汰，其技术精良，管理合理者，即能生存也。

（二）面粉业　面粉厂集中于南方，而去路向以东北为大宗，次则北方。国粉之销于东北者，约有400万包，近不过数万包；北方近有日粉、俄粉，廉价倾销，天津当地粉厂，已受打击，南方粉厂之去路更狭，则以南粤一带地方不靖，人民购买力薄弱；商家不敢囤货，尤以本年各地麦子丰收，乡村农民，食用土磨之粉，粉销更滞。同时美国粉麦借款之成立，正值新麦上市之际，于是粉价狂落，开数十年未有之低价，自二元六七角跌至二元左右。各厂存货堆积，上海存货最高之额达300余万包；天津、汉口亦有200余万包，不得已于中秋节后，宣告停工。后以工人生计关系轮流开车，其停闭者有天津之民丰及宁波之立丰。以本年度面粉业大体言之，原料与粉价同时并跌，其随制随抛者，大半尚可获利，且不若纱业之有外商竞争，只须谨慎从事，不至有大亏损。近复有洋粉进口税之征收，厂商不无喘息之机。

（三）缫丝业　二十二年度业丝者，以上年度多数亏折，均谨慎从事，即农民养蚕，亦不敢扩大，差幸天时顺利，茧量较多，茧价不大，厂商购进春茧后，丝价忽涨，稍能获利，及夏秋二熟，茧价抬高，而外国丝市步步趋跌，厂商均反盈为折。本年度出口较上年虽增加18%，然丝价之跌，则甚于上年。美销丝价，上年度最高895元，最低640元；本年度最高950元，最低则仅500元左右，且最高之价，不过昙花一现。本年春秋茧本平均在700元，加缫丝工资及其他开支约150元，即每担成本约须800元以上，乃丝价跌至500余元，是以业丝者19亏折。江、浙两省丝厂共110余家，而年底继续开工者只上海厂五六家，无锡10余家，浙江六七家，不及1/5，故丝业之衰败，已达极严重之时期矣。

第四款　民国二十三年工商业之概况

我国工商业，本年因物价跌落，一般人民购买力下降，及舶来品之倾销，非唯无所进展，且有日就衰颓之趋势。就中以缫丝业为最，其他如纺织、面粉、火柴及日用品等，亦皆有衰落，唯程度稍有不同耳。兹略述其概况如下：

纺织业　本年纺织业最感困难者，厥为棉纱价格之跌落程度，较棉花价值之跌落为甚。二十二年标纱全年平均价每包为186.20元，而本年全年平均仅173.65元，为近十年之最低数字，与上年相较差12元7角5分，或6.48%。标准棉花二十二年平均每担价为44.10元，二十三年为43.75元，虽有跌落，仅当0.79%，尚不及1%。至棉纱制成品，布价之跌落，则又较纱价为甚，十五磅粗布本年平均价为6.45元，较上年平均价最低价7.10元，减少9.15%。加之本年新税则实施后，棉货进口之税率减低10%~50%，而棉花进口之税则，则增高43%，在国内长绒尚无充分供给之时，纱业受此影响，较难进展。

本年全国纱厂总数为136厂，华商92厂，日商41厂，英商3厂。纱锭数4,731,146枚，较上年增119,789锭。其中，华商占2,742,754枚，当57.97%，增加锭数105,341，占总增加数87.9%。棉锭共440,434枚，华商占143,024枚（32.47%）。布机共42,834架，华商占20,926架（48.85%），较二十二年均有增加。环境虽不良，然为图存计，各纱厂亦惟有以坚忍精神奋斗而已。

本年停工或减工之趋势，并未因锭数增加而减少。据纱厂联合会之统计，本年上半年停工锭数较上年下半年增加104,933锭。

停工时数约为四周,减工既有增加,存底因形减少,同时纱价低落,交易尚形兴旺,今年凡 319,923 包,较上年增 34.87%。

丝绸业 本年丝绸业最为不振,以上海一埠言,原有缫丝厂 112 家,年初因丝市凋敝,仅两家勉强开工,迨春茧发动,海外丝场略见活动,丝厂遂渐开工,然亦不过 33 家。八九月间海外丝市惨跌,日丝且积极贬价,丝价益疲,征银出口税后,虽曾一度兴奋,终因销路不畅,旋亦呆滞。年终开业者,仅十五六家耳。他如无锡本年最盛时,不过 33 家。萧山、嘉兴、海宁等地,开工者亦仅 10 余家。川、粤各地,亦属一落千丈,景况萧条,丝织业亦同其命运。以上海言,二十二年绸厂尚达 387 家,织机 4780 余架,本年勉强维持营业者,仅 300 家上下,织机 2500 架,约减少 1/2。绸缎商店之倒闭者,亦时有所闻,丝绸业之衰落,可以概见。

面粉业 我国面粉业以上海、天津、无锡、汉口为中心,本年开工者 93 厂。据税务署之统计,一月至九月间,生产数量为 46,283,393 包,较上年同期增 11.25%,销售量为 52,800,483 包,较上年同期减少 2.94%。生产增而销售减,因之存底丰厚,市价步跌。以标粉言,五月每包曾跌至最底价 1,933 元,六月以后,因久旱不雨,同时美国及加拿大小麦亦告歉收,价乃渐涨。九月间,新谷登场,米价下跌,粉价随之疲软,加之国外粉市跌多涨少,市上存粉又告充斥,粉价乃又趋下落,统计全年标粉平均价每包 2,409 元,较二十二年微跌 0.03%。

此外,火柴卷烟、造纸、搪瓷、橡胶、热水瓶、化妆品、针织等业,或以税率加重,或以外商倾销,或以同业竞争,皆销路不振,每况愈下。唯榨油、水泥、煤业等,尚堪维持。一般商业,因物价跌落，开支浩繁，均属亏多盈少，因周转不灵而倒闭者，为数不少。例如本年平均天津每月约有二三百家，徐州倒闭之商店已六七百家，仅存 1600 余家，盖整个经济状态如此，非尽人谋之不臧也。

第五款　民国二十四年工商业之概况

本年度我国工商业，除生丝及面粉业稍见转机外，其余各业产销，均趋衰落。自政府十一月四日施行法币后，外汇渐臻平稳，物价高涨，各业渐有起色。兹述二十四年度重要各业情形如下：

棉纱业　我国棉纺业，承连年衰落之后，本年实为十余年来最恶劣之一年。就纱厂减工率言，本年上半期之纱厂，减工率增至 3.72，六月底全国华商纱厂 92 家中停工者 24 厂，减工者 14 厂，几又 40%。开工锭数计 4,809,559 锭，停工锭数计 1,344,986 锭。考本国纱厂减工、停工大增之原因，当为金融之紧缩。本年全国棉纱生产量粗纱计 3,298,504 公担，细纱计 7,256,118 公担，其他纱计 71,529 公担，共计 4,095,645 公担。华商占总数 68.90%，日商占 30.2%，英商占 1%。上海现纱销路一二月间洋拆高涨，现销低落，每月在 2 万包以上，因本年纱厂励行减工及停工，存纱减少，但纱价反跌，自财政部施行法币后，国内棉价大涨，棉产歉收，棉价大于棉纱之涨率。

生丝业　依江、浙两省春、秋二季及晚秋茧产估计，应产生丝 6 万担，较上年增 30%。丝厂开工，各月不同：本年开始，江、浙仅 20 余家，六月后，月有增加，十月份内上海计 38 家，无锡计41家，浙江计10家，共计594家，丝车共24000余部，为全年最盛时期。至十一月期，丝销渐滞，相率停工。十一月底，江、浙仅50余家。上海生丝输出数量，较去年大增，本年十一个月，输出达48,088包，增加两倍以上。广东输出减少，仅达18,192包，内销额约1万余包，较去年减50%。唯本年生丝市况，变迁甚巨，中等厂丝每担最低价约500元，最高价达900余元，为近来所未有，故本年生丝业实有勃兴之气象。

面粉业　面粉业，在金融紧缩之下，营业尚称平稳。本年上半期，全国面粉生产量计37,695,013包，较去年增加36%。减工及停工颇不一律，停业者三厂，新开者五厂，销路亦属不恶。本年上半期全国面粉销量为39,500,245包，较去年同期增18%，市价堪称稳定。最高价为十一月份之3.13元，最低价为六月份之2.24元。